Executive Edition

Den Wandel managen – Richtig kommunizieren – Die Zukunft denken
WALHALLA Executive Edition

Change Management

Ralph Scheuss
Zukunftsstrategien
Worauf es in der Ära des wilden Wettbewerbs wirklich ankommt
ISBN 978-3-8029-3838-2

Andreas Kiefer
Zukunfts-Agenda für Führungskräfte
Die zehn Gebote für erfolgreiche Unternehmensführung
ISBN 978-3-8029-3852-8

Frank Wippermann
Führungsdialoge
Respekt zeigen und souverän führen
ISBN 978-3-8029-3853-5

Ulrich Eggert
Zukunft Handel
Wettbewerb der Ideen und Konzepte
Von Discount bis Luxus, Shopping-Center bis Mobile Commerce
ISBN 978-3-8029-3855-9

Kommunikation/Rhetorik

Gudrun Fey
Reden macht Leute
Vorträge gekonnt vorbereiten und präsentieren; Trainingsbuch zur Rhetorik
ISBN 978-3-8029-3851-1

Hans-Jürgen Kratz
Ihre Antrittsrede als Chef
Ziele erfolgreich umsetzen; Aktionsplan; Checklisten
ISBN 978-3-8029-3849-8

Thilo von Trotha
Reden professionell vorbereiten
So gewinnen Sie Ihre Zuhörer
ISBN 978-3-8029-3845-0

Katja Dyckhoff; Thomas Westerhausen
Stimme: Das Geheimnis von Charisma
Ausdrucksstark und überzeugend sprechen
Neue Methoden und Übungen
Trainingsbuch mit Audio-CD
ISBN 978-3-8029-3844-3

Wir freuen uns über Ihr Interesse an diesem Buch. Gerne stellen wir Ihnen zusätzliche Informationen zu diesem Programmsegment zur Verfügung.

Bitte sprechen Sie uns an:

E-Mail: WALHALLA@WALHALLA.de
http://www.WALHALLA.de/Executive

Walhalla Fachverlag · Haus an der Eisernen Brücke · 93042 Regensburg
Telefon (09 41) 56 84-0 · Telefax (09 41) 56 84-111

John Oakland · Peter Morris

Schnellkurs TQM

Qualitäts- und Change-Management

in Wort und Bild

Leidenschaft für Kundenzufriedenheit
Denkanstöße für Verbesserungsprozesse

Bibliografische Information der Deutschen Nationalbibliothek
Die Deutsche Nationalbibliothek verzeichnet diese Publikation in der Deutschen Nationalbibliografie; detaillierte bibliografische Daten sind im Internet über http://dnb.d-nb.de abrufbar.

Zitiervorschlag:
John Oakland, Peter Morris
Cartoon-Schnellkurs TQM Qualitäts- und Change-Management
Walhalla Fachverlag, Regensburg 2011

This **third (3rd) print** edition of the work entitled **OAKLAND ON QUALITY MANAGEMENT** [ISBN 9780750657419] by **John OAKLAND** (the Author) is published by arrangement with **ELSEVIER LIMITED** of The Boulevard, Langford Lane, Kidlington, Oxford, OX5 1GB, UK
© für die englische Ausgabe John Oakland and Peter Morris

Aus dem Englischen übersetzt von Frank Grave.

© für die deutsche Ausgabe
Walhalla u. Praetoria Verlag GmbH & Co. KG, Regensburg
Alle Rechte, insbesondere das Recht der Vervielfältigung und Verbreitung sowie der Übersetzung, vorbehalten. Kein Teil des Werkes darf in irgendeiner Form (durch Fotokopie, Datenübertragung oder ein anderes Verfahren) ohne schriftliche Genehmigung des Verlages reproduziert oder unter Verwendung elektronischer Systeme gespeichert, verarbeitet, vervielfältigt oder verbreitet werden.
Produktion: Walhalla Fachverlag, 93042 Regensburg
Umschlaggestaltung: grubergrafik, Augsburg
Druck und Bindung: Westermann Druck Zwickau GmbH
Printed in Germany
ISBN 978-3-8029-3856-6

SCHNELLÜBERSICHT

	Vorwort	7
1	Qualitätsketten	9
2	Prozesse	23
3	Das TQM-Modell	33
4	Verantwortungsbereitschaft	39
5	Kommunikation	59
6	Systeme	69
7	Werkzeuge	79
8	Teamwork	91
9	Umsetzung in der Praxis	111
10	Stichwortverzeichnis	117

Vorwort

Qualitätsmanagement scheint auf den ersten Blick kein Thema für ein Buch des Comic-Genres zu sein, geht es dabei doch um abgehobene Theorien, Aufgabenbeschreibungen, streng regulierte Arbeitsabläufe und wissenschaftliche Überlegungen. Beim näheren Hinsehen wird jedoch klar, dass es beim Management von Organisationen darum geht, wie Menschen zur Zusammenarbeit finden. Es spielt deshalb das Wesen des Menschen eine Rolle – menschliche Fehlbarkeit und menschliches Streben.

Dieses Buch soll kein Versuch sein, wissenschaftliche Werke zu ersetzen. Wir möchten, dass Sie, der Leser, auf der einen Seite einen Bezug zu Situationen des täglichen Lebens herstellen und auf der anderen einen relativ zwanglosen Zugang zur Theorie des TQM (Total Quality Management) finden können.

Im Zentrum des Buches steht das Oakland-TQM-Modell. Es veranschaulicht, dass alle Aktivitäten in einer Organisation Interaktionen sind – Glieder in einer Kette, die beim externen Kunden endet. Bei näherer Untersuchung der Kettenglieder werden Sie auf Transaktionen zwischen internen Lieferanten und Kunden stoßen, beide gleich wichtig für den Erfolg der Organisation.

Jeder Berührungspunkt definiert sich durch einen Prozess des Lieferns und Empfangens zwischen den Beteiligten. Die Prozesse sind also die Kernaktivität, um die sich alles andere dreht.

Dafür, dass die Kette zwischen Lieferant und Kunde reibungslos läuft, sorgt das Prozessmanagement, das sich verschiedener Systeme bedient, die durch den Einsatz von Teamwork und geeigneten Instrumenten verbessert werden. Damit all das funktioniert, muss die Organisation bereit und in der Lage sein, sich zu verändern, um die Herausforderung zu meistern: Alle Beteiligten müssen an einem Strang ziehen. Das das Unternehmen muss über die richtige Kultur verfügen und fest entschlossen sein, eine Politik der konstanten Verbesserung durchzusetzen.

Dieses Buch widmet sich der Aufgabe aufzuzeigen, wie wichtig dieses Modell für den Erfolg einer jeden Organisation und seiner Mitarbeiter ist.

John Oakland und Peter Morris

QUALITÄTSKETTEN

Qualität, Reputation und Konkurrenzfähigkeit

Deckung des Kundenbedarfs

Interne Kunden und Lieferanten

Prozesse – eingebaute statt aufgepfropfte Qualität

Kontinuierliche Verbesserung

Vorteile

Unternehmensweite Qualitätsverbesserung

Zusammenfassung

> Von meiner Mama habe ich gelernt, dass Qualität STÄNDIGE AUFMERKSAMKEIT erfordert.

1 QUALITÄTSKETTEN

Für Unternehmen stellt der **Wettbewerb** eine treibende Kraft dar. Die Konkurrenzfähigkeit eines Lieferanten wird durch die **Qualität** seiner Produkte oder Dienstleistungen bestimmt.

Angelo legt Wert darauf, seine Kunden zufriedenzustellen. Für ihn sind Zuverlässigkeit, Liefergeschwindigkeit und Preis vorrangig.

QUALITÄTSKETTEN 1

Das Image eines Unternehmens hängt davon ab, wie die Kunden dessen Qualität wahrnehmen.

Hey! Was habt Ihr gegen meine Pizza?

Mein Onkel fand 1983 einen Nagel in einer.

Hat sich eine Firma erst einmal einen schlechten Ruf erworben, wird sie ihn nur schwer wieder los – und schnell wird er auf die nationale Ebene übertragen ...

Engländer können sowieso keine Pizzen machen.

Was also ist „Qualität"?

Woran liegt es, daß Menschen ein Produkt einem anderen vorziehen?

Die Experten und Gurus haben verschiedene Erklärungen ...

Die Gesamtheit der Eigenschaften und Merkmale eines Produktes/einer Dienstleistung, die seine/ihre Eignung zur Befriedigung geäußerter Bedürfnisse beeinflussen.

DAS IST ES

Die gesamte Ausprägung eines Produktes/einer Dienstleistung, das Marketing, die Zusammensetzung, die Herstellung und der Service, die die Erwartungen des Kunden erfüllt.

NEIN, DAS

... aber es läuft alles auf das Gleiche hinaus:

Den Bedürfnissen des Kunden gerecht werden.

Diese Armbanduhr habe ich vor acht Jahren auf einem Flohmarkt in Singapur für 12 Dollar gekauft. Sie geht immer genau, obwohl ich zugeben muss, dass sie nicht gerade gut aussieht. Trotzdem finde ich das Preis-Leistungs-Verhältnis ausgezeichnet. Meine Frau dagegen ...

Für ihn ist eine Armbanduhr dazu da, die Zeit anzuzeigen.

Mit diesem Blechding an deinem Arm gehen wir nicht aus! Kauf dir endlich eine anständige Uhr aus Gold.

Für sie ist eine Armbanduhr in erster Linie ein Schmuckstück.

1 QUALITÄTSKETTEN

Qualitätsketten 1

Wer ist der Kunde?

1 Qualitätsketten

QUALITÄTSKETTEN 1

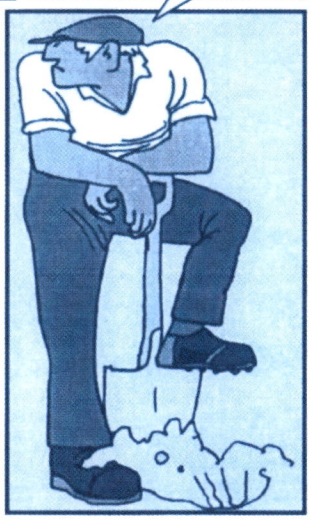

1 QUALITÄTSKETTEN

Es gibt allerdings nicht nur Kunden außerhalb einer Firma, sondern auch innerhalb.

Innerhalb und außerhalb aller Unternehmen gibt es eine Vielzahl von Qualitätsketten aus Kunden und Lieferanten.

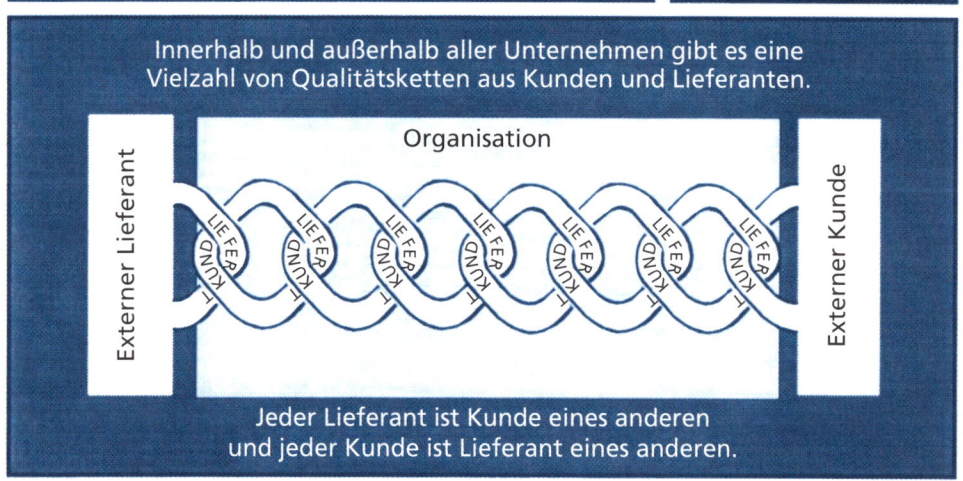

Jeder Lieferant ist Kunde eines anderen und jeder Kunde ist Lieferant eines anderen.

Qualitätsketten 1

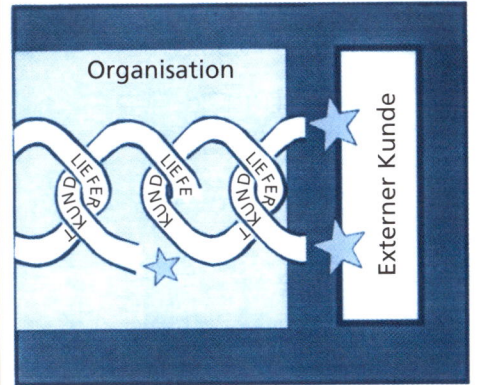

Wird die Qualitätskette an einem Punkt unterbrochen, treten die Auswirkungen dieser Unterbrechung an der Schnittstelle mit dem externen Kunden zutage.

Die Konsequenzen einer kleinen Unterbrechung der internen Kette können sich proportional vergrößert haben, wenn die Schnittstelle externer Kunde/Lieferant erreicht ist.

"Hier sind die Dokumente, Frau Hansen. Sie müssten eigentlich soweit OK sein."

"Tut mir leid, aber ohne die korrekten Dokumente müssen die Waren an Bord bleiben."

Aus diesem Grund sollte jede Verbindung zwischen Lieferant und Kunde unzerstörbar gemacht werden. Indem sie gemeinsame Verfahren entwickeln, sollten Lieferant und Kunde sich so vor Fehlern schützen.

Qualität muss bereits zu Beginn der Aktivitäten einer Organisation eingebaut sein und darf nicht erst am Schluss „aufgepfropft" werden.

1 QUALITÄTSKETTEN

QUALITÄT DURCH FEEDBACK

Qualität wird durch ein Zwei-Wege-Verfahren gewährleistet. Der Lieferant sollte die Anforderungen des Kunden erfüllen. Gleichzeitig ist der Kunde dafür verantwortlich, dass der Lieferant innerhalb seiner gegebenen Möglichkeiten seiner Pflicht so problemlos wie möglich nachkommen kann.

OK, jetzt einen an Wie-hieß-er-doch-gleich.

Sehr geehrter Herr blabla..., habe Ihren Brief noch nicht...werde mich bald darum kümmern... oder irgendwie so...

Sie wissen ja, wie es sein muss, Frau Pützer – machen Sie was draus!

PW
Unternehmensberatung

Advo Kanzlei
Peter Wagner
Wiener Straße 5
45143 Essen

20. 10. 2009

Sehr geehrter Herr Wagner,
Vielen Dank für die Darstellung des Angebots von Weinheim & Co. Ihre Analyse hat Unklarheiten beseitigt und uns Zeit erspart. Dennoch würden wir gerne die Gelegenheit wahrnehmen, die Details des Angebots eingehend zu prüfen, bevor wir eine Entscheidung treffen. Das „Kleingedruckte" ist für den Erfolg dieser Unternehmung von entscheidender Bedeutung.
Voraussichtlich werde ich Ihnen meine detaillierte Stellungnahme innerhalb der nächsten Woche zusenden; bis dahin ...

Der Geschäftsführer hatte Glück, und der Brief hörte sich professionell an. Natürlich musste die Sekretärin das Angebot selbst lesen, um ein intelligentes Schreiben aufzusetzen ... Manchmal ist es genau anders herum.

Frau Schaper, ich möchte Frau Professor Grumbacher das Werk zeigen. Setzen Sie bitte einen Brief an Herrn Dahlhoff auf und teilen ihm mit, was ich in diesem Brief an Signor Rossi geschrieben habe.

Ja, Herr Albers.

E U R O S Y N C
I n d u s t r i e e n t w i c k l u n g

Inter AG
Gerd Dahlhoff
Siemensstraße 5
48000 Münster

24.7.2009

Sehr geehrter Herr Dahlhoff,
Das Konsortium konnte eine Einigung über die neue europäische Tochtergesellschaft erzielen. In Kürze werde ich mit Professor Grumbacher und Herrn Dahlhoff abschließend klären, wie die Finanzierung zu organisieren ist ..."

Qualität beruht auf einem Prozess zwischen Lieferant und Kunde. Dieses Verfahren muss gewährleisten, dass keine Fehler auftreten können. Ohne ein solches Verfahren sind Fehler unvermeidlich.

QUALITÄTSKETTEN 1

Die Qualität wird sich nur erhöhen, wenn die Mitarbeiter es wollen.

Motivation ...
Alle Mitarbeiter in einem Unternehmen müssen am Aufbau der Qualitätsketten beteiligt sein – selbst diejenigen, die das Produkt oder die Dienstleistung für den externen Kunden nicht zu Gesicht bekommen.

Ein Problem ...

Hör zu, ich fange um 8 an, ich arbeite bis 4 und drehe den ganzen Tag Spindeln. Dafür werde ich bezahlt. Es ist die Aufgabe der Manager, die Firma zu leiten, und sie bekommen mehr Geld dafür als ich. Geh' zu denen und frag', wie ich Qualität einbauen kann. Frag' nicht mich, ich arbeite hier nur.

In der Mittagspause ...

Was ist mit deiner Maschine los, Kai? Die Hälfte deiner Spindeln sind Ausschuss. Du drosselst das Tempo unseres ganzen Fließbandes.

Frag' den Werksleiter – Ich bediene nur die Maschine.

Falsch. Du bist der Experte, wenn es um diese Maschine geht. Meine Aufgabe ist es, dir zu sagen, was ich will, und deine, zu versuchen, es zu liefern.

Der Schlüssel zur Motivation – und so zur Qualität – liegt in der genauen Vorstellung eines jeden Mitglieds einer Organisation von seinem Kunden – eine konkrete Person, für die der Einzelne seinen Beitrag leistet.

Um Qualität in der gesamten Organisation zu verwirklichen, muss jeder in der Qualitätskette sämtliche Schnittstellen auf folgende Punkte hin untersuchen:

KUNDEN

- Wer sind meine unmittelbaren Kunden?
- Was brauchen sie wirklich?
- Wie finde ich heraus, welche Bedürfnisse sie haben?
- Wie kann ich meine Fähigkeit, diese Bedürfnisse zu befriedigen, richtig einschätzen?
- Erfülle ich diese Bedürfnisse kontinuierlich? (Wenn nicht, warum nicht? Was hindert mich daran, meine Aufgaben angemessen zu erfüllen?)

LIEFERANTEN

- Wer sind meine unmittelbaren Lieferanten?
- Was brauche ich wirklich?
- Sind meine Lieferanten in der Lage, meine Bedürfnisse einzuschätzen und zu erfüllen?
- Wie informiere ich sie über Veränderungen meiner Bedürfnisse?

1 ZUSAMMENFASSUNG

QUALITÄT

„Qualität" heißt: Erfüllung der Kundenbedürfnisse.

Der Ruf, Qualität zu liefern, muss hart erarbeitet werden – und ist schnell wieder verloren.

Unterschiedliche Kunden stellen unterschiedliche Anforderungen an das gleiche Produkt oder die gleiche Dienstleistung. Der Lieferant muss die Bedürfnisse der Kunden herausfinden und versuchen, ihre Erwartungen noch zu übertreffen.

Die Wettbewerbsfähigkeit eines Lieferanten wird durch die Qualität seiner Dienstleistungen oder Produkte bestimmt.

QUALITÄTSKETTEN

Innerhalb und außerhalb jeder Organisation gibt es eine Vielzahl von Qualitätsketten, die aus Kunden und Lieferanten bestehen.

In jeder Organisation gibt es außer den externen Lieferanten und Kunden auch interne „Kunden" und „Lieferanten".

An der Schnittstelle zwischen Kunde und Lieferant muss es ein Verfahren geben, das den Erfolg einer jeden Transaktion garantiert. Jeder Fehler wird berichtigt, bevor er das nächste Kettenglied erreichen kann.

Das Verfahren beruht auf Feedback: Lieferant und Kunde müssen interagieren.

Wenn die Qualitätskette an einem Punkt unterbrochen ist, treten die Auswirkungen der Unterbrechung an der Schnittstelle mit dem externen Kunden am deutlichsten zutage.

ZUSAMMENFASSUNG 1

QUALITÄTSSTEIGERUNG

Die Qualität wird sich nur erhöhen, wenn die Mitarbeiter dazu motiviert werden. Der Schlüssel zur Motivation liegt in der Identifikation eines konkreten Kunden – einer Person, der der Lieferant seinen Output liefert.

QUALITÄT NICHT NUR PFLEGEN, SONDERN LEBEN!

Qualität sollte in die Aktivitäten einer Organisation eingebaut sein, nicht im nachhinein „aufgepfropft" werden.

Um Qualität zu gewährleisten, müssen die Bedürfnisse des Kunden und die Bemühungen der Organisation, diese zu erfüllen, kontinuierlich überprüft werden.

Qualität bringt Vorteile: einen größeren Marktanteil, reduzierte Kosten, erhöhte Lieferfähigkeit und Produktivität und weniger Ausschuss. Um dies zu erreichen, muss die Qualität der Arbeit im gesamten Unternehmen erhöht werden.

Prozesse   2

Vorsorge statt Nachsorge

TQM-Methode

Inputs – Outputs

Qualitätskontrolle im Betrieb

Qualitätssicherungssysteme vermeiden Probleme

Zusammenfassung

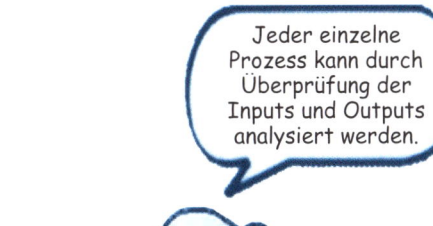

Jeder einzelne Prozess kann durch Überprüfung der Inputs und Outputs analysiert werden.

2 PROZESSE

Prozesse 2

2 PROZESSE

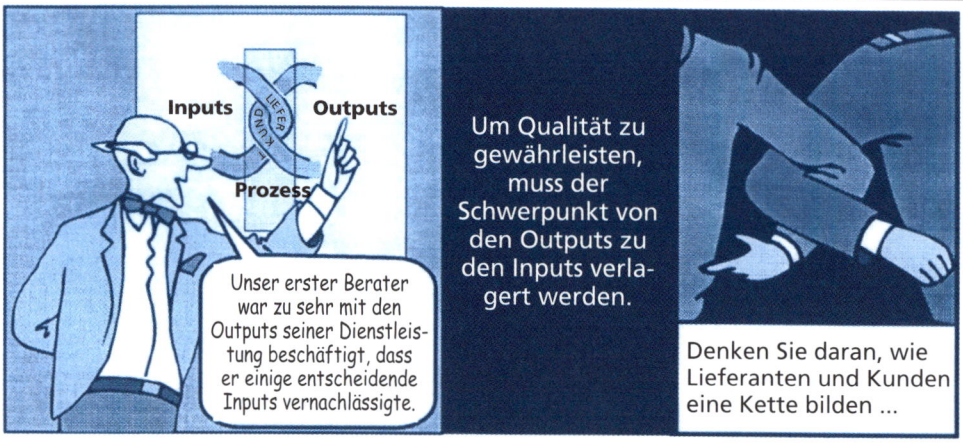

Unser erster Berater war zu sehr mit den Outputs seiner Dienstleistung beschäftigt, dass er einige entscheidende Inputs vernachlässigte.

Um Qualität zu gewährleisten, muss der Schwerpunkt von den Outputs zu den Inputs verlagert werden.

Denken Sie daran, wie Lieferanten und Kunden eine Kette bilden ...

... und die gemeinsam erarbeiteten Verfahren machen es möglich, dass an jedem Verbindungspunkt der Qualitätskette ein zufriedenstellender Austausch zwischen Lieferant und Kunde stattfinden kann. Jedes Verfahren wird scheitern und zu einer Quelle von Problemen werden, wenn der Lieferant seinen Inputs nicht genug Aufmerksamkeit widmet.

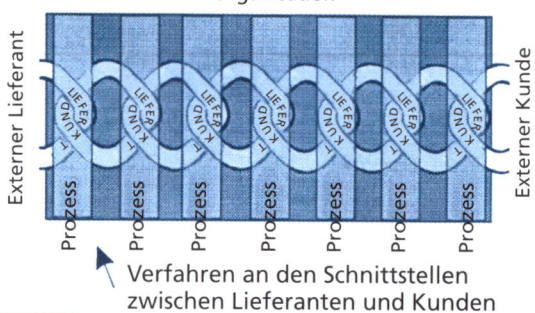

Verfahren an den Schnittstellen zwischen Lieferanten und Kunden

Wenn also ein Unternehmen seine Produkte untersucht, unmittelbar bevor sie zum nächsten Kunden gelangen...

... wird genau genommen die Frage gestellt: „Sind sie zum Verkaufen gut genug?" – oder: „Werden sie die Anforderungen des nachfolgenden Prozesses erfüllen?"

Das ist nicht Qualitätskontrolle. Das ist ...

Fehlersuche!

QUALITÄT WIRD „KONTROLLIERT", INDEM AUSSCHUSS AUFGESPÜRT UND AUSGESONDERT WIRD! ES WIRD VERSUCHT, QUALITÄT AM ENDE DES PROZESSES „AUFZUPFROPFEN".

PROZESSE 2

Die gestellte Frage lautet:
"Haben wir die Aufgabe korrekt erfüllt?"

Stattdessen sollte die Frage lauten:
"Sind wir in der Lage, die Aufgabe korrekt zu erfüllen?"

Damit die Antwort „Ja" lautet, muss Qualitätsmanagement umgesetzt werden:

- angemessene Methoden
- angemessene Materialien
- angemessene Ausrüstung
- angemessene Fähigkeiten und Kenntnisse
- angemessene Unterweisung
- und einen angemessenen **Prozess**

WAS IST EIN PROZESS?

Er ist die Transformation

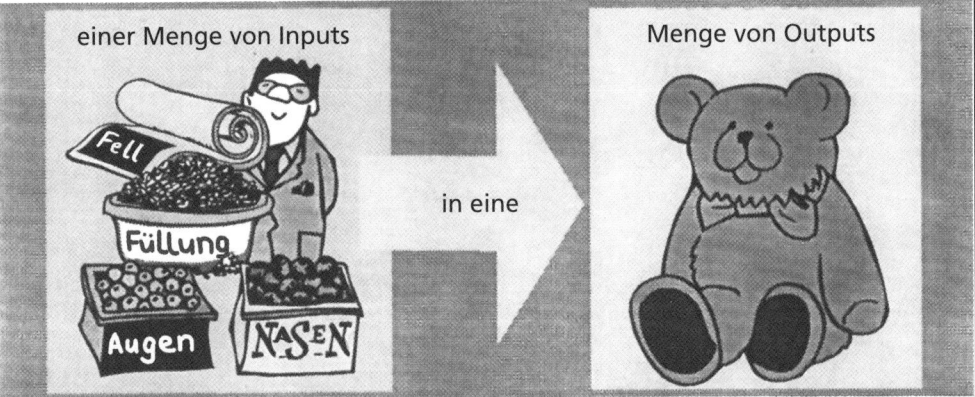

einer Menge von Inputs → in eine → Menge von Outputs

WAS SIND INPUTS UND OUTPUTS?

Inputs sind Aktionen, Methoden und Abläufe.

Outputs sind Produkte und Dienstleistungen.

Inputs sind Aktionen, Methoden und Abläufe.

Der Output ist für die Weitergabe an den Kunden bestimmt.

27

2 PROZESSE

Alles, was wir während der Arbeit tun, ist **ein Prozess**

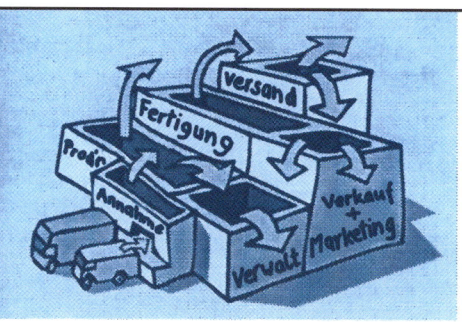

Indem wir einen Beitrag zu den Produkten oder Dienstleistungen unserer Organisation leisten, beteiligen wir uns an Prozessen mit den Menschen, die vor uns in der Kette stehen, und denen, die nachgeordnet sind.

Normalerweise ist von Unternehmensaktivitäten eine Vielzahl von Ketten betroffen – zum Beispiel gibt es für jedes Produkt und jeden Kunden zur gleichen Zeit eine Dokumentationskette und eine Produktionskette, das Ganze multipliziert mit der Anzahl von Produkten und Kunden. Zu berücksichtigen sind weiterhin Prozessketten, wie Forschung und Entwicklung, Administration, Wartung usw.

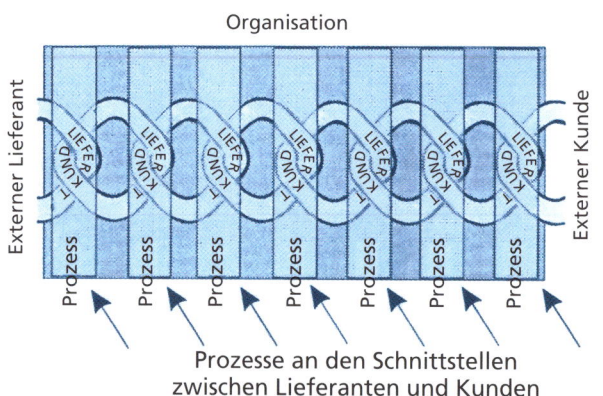

Prozesse an den Schnittstellen zwischen Lieferanten und Kunden

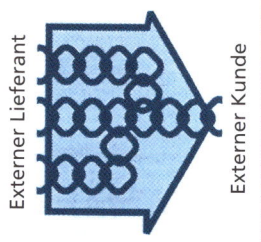

Eine komplexere (aber immer noch vereinfachte) Kette könnte also so aussehen:

In der Organisation läuft eine Vielzahl von Prozessen gleichzeitig ab.

Jeder einzelne Prozess kann durch Überprüfung der Inputs und Outputs analysiert werden. Die Überprüfung gibt Aufschluss darüber, welche Maßnahmen zur Qualitätsverbesserung notwendig sind.

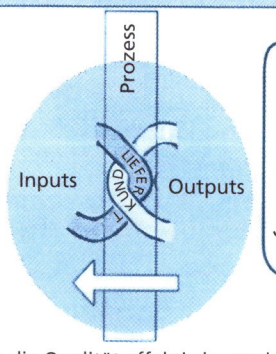

Um die Qualität effektiv kontrollieren zu können, ist es häufig notwendig, den Schwerpunkt von den Outputs zu den Inputs zu verlagern.

Wenn Sie die INPUTS definieren, beobachten und kontrollieren, um den Anforderungen des Kunden zu entsprechen, ergibt sich zwangsläufig jedes Mal ein zufriedenstellender OUTPUT.

Prozesse 2

An jeder Schnittstelle zwischen Lieferant und Kunde gibt es einen Prozess, also ist jede Aufgabe innerhalb einer Organisation ein Prozess.

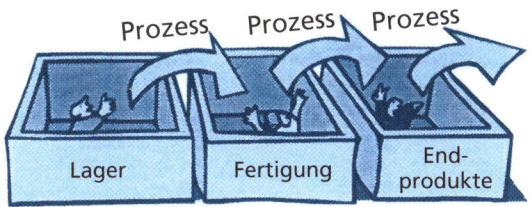

Jede Abteilung jeder Organisation, unabhängig von ihrer Größe, liefert einer anderen Abteilung der Organisation oder einem externen Kunden irgendeine Form von Input.

Ein für diese Situation entwickelter **Prozess** wird in einem Output resultieren, der gleichzeitig einen Input für eine andere Abteilung oder für den Kunden darstellt.

Die Organisation kann eine positive Antwort auf die erste Frage geben:

Sind wir in der Lage, die Aufgabe korrekt zu erfüllen?

Die zweite Frage ist:

Erfüllen wir die Aufgabe auf Dauer korrekt?

Können wir anhand der vorliegenden Daten auch diese Frage mit „Ja" beantworten, müssen wir die Aufgabe korrekt erfüllt haben und **die Notwendigkeit zur Fehlersuche** entfällt.

Die Strategie der **Fehlersuche** wurde durch eine der **Prävention** ersetzt.

Die Aufmerksamkeit muss sich auf den Beginn eines Prozesses richten, auf die Inputs. Somit ist gewährleistet, dass mit ihnen den Anforderungen des Prozesses entsprochen werden kann. Dies liegt in der Verantwortung des Managements.

Inputs:
Material
Verfahren
Methoden
Informationen (inkl. Spezifikationen)
Mitarbeiter
Fähigkeiten
Kenntnisse
Ausbildung
Maschinen/Ausrüstung

Prozess (LIEFERER/KUNDE)

Outputs:
Produkte
Dienstleistungen
Informationen
Dokumentation

2 PROZESSE

QUALITÄTSKONTROLLE UND QUALITÄTSSICHERUNG

Ich müsste es hinbekommen, denn: Ich kann die Schrift meines Chefs lesen; ich kenne meinen Computer und das Textverarbeitungsprogramm. Ich kenne die ANFORDERUNGEN.

Das ist Qualitätskontrolle

Die Qualität kann nur während des Arbeitsvorganges kontrolliert werden.

Haben Sie es hinbekommen?

Das ist keine Qualitätskontrolle

Muss dafür sorgen, dass...

Der Akt der Inspektion ist keine Qualitätskontrolle.

Wenn die Antwort auf die Frage „Haben wir die Aufgabe korrekt erfüllt?" indirekt gegeben wird, indem wir die Fragen „Sind wir in der Lage, die Aufgabe korrekt zu erfüllen?" und „Erfüllen wir die Aufgabe auf Dauer korrekt?" mit „Ja" beantworten, dann haben wir die **Qualität gesichert** und die Fehlersuche durch **Qualitätssicherung** ersetzt. Die Produkte sind dann das Ergebnis eines effektiven Systems.

Die korrekte Erfassung der Input- und Outputdaten trägt zur Kontrolle des Systems bei und hilft, Probleme zu vermeiden.

Qualitätssicherung geht über die Abteilungsgrenzen hinaus.

DEFINITIONEN

Qualitätskontrolle
Vorgänge/Verfahren, die eingesetzt werden, um die Qualität eines Produktes, eines Prozesses oder einer Dienstleistung zu realisieren und aufrechtzuerhalten. Sie dient der Überwachung; ebenso trägt sie dazu bei, die Ursachen für Probleme zu erkennen und zu beseitigen.

Qualitätssicherung
Vorbeugung gegen Qualitätsprobleme mit Hilfe geplanter und systematischer Aktivitäten (einschließlich Dokumentation). Dazu gehören der Aufbau eines effektiven Systems des Qualitätsmanagements und Kontrollmechanismen für das System selbst.

ZUSAMMENFASSUNG 2

HABEN WIR DIE AUFGABE KORREKT ERFÜLLT?

QUALITÄTSKONTROLLE STATT FEHLERSUCHE

Das Aufspüren von Fehlern am Ende eines Prozesses ist keine Qualitätskontrolle. Es ist Fehlersuche, die auf der Frage basiert: „Haben wir die Aufgabe korrekt erfüllt?"

In diesem Fall wird versucht, Qualität nach Abschluss eines Prozesses „aufzupfropfen".

100PROZENTIGE LEISTUNGSFÄHIGKEIT

Statt die Frage „Haben wir die Aufgabe korrekt erfüllt?" zu stellen, sollte eine Organisation zuerst fragen: „Sind wir in der Lage, die Aufgabe korrekt zu erfüllen?"

FÜR QUALITÄT SORGEN – SCHRITT FÜR SCHRITT

Um sie mit „Ja" beantworten zu können, muss das Qualitätsmanagement zum Einsatz kommen, also angemessene Methoden, Materialien, Ausrüstung, Kenntnisse, Ausbildung, Unterweisung, Mitarbeiter mit ihren Fähigkeiten – und ein angemessener Prozess.

Ein Prozess ist die Transformation einer Menge von Inputs in eine Menge von Outputs. Outputs sind für die Weitergabe an den Kunden bestimmt.

PROZESSE PRÜFEN UND OPTIMIEREN

Jede geschäftliche Interaktion innerhalb einer Organisation ist ein Prozess. Für die Bereitstellung eines Produktes oder einer Dienstleistung läuft eine Vielzahl von Prozessen gleichzeitig ab.

Durch die Überprüfung von Inputs und Outputs kann ein Prozess analysiert und verbessert werden.

Um zufriedenstellende Outputs zu erhalten, ist es notwendig, die Inputs zu definieren, zu kontrollieren und zu überwachen.

Nahezu alle Inputs sind Outputs aus anderen Prozessen, die anderswo in der gleichen Organisation ablaufen.

2 ZUSAMMENFASSUNG

ERFÜLLEN WIR DIE AUFGABE AUF DAUER KORREKT?

FEHLERPRÄVENTION

Die zweite Frage: „Erfüllen wir die Aufgabe auf Dauer korrekt?" muss ebenfalls beantwortet werden. Lautet die Antwort darauf „Ja", dann muss die Organisation die Aufgabe korrekt erfüllt haben, und die Strategie ist nicht mehr eine der Fehlerermittlung, sondern eine der Prävention. Fehlersuche ist durch Qualitätssicherung ersetzt worden.

Prävention bedeutet, dass die Aufmerksamkeit auf den Beginn eines Prozesses gelenkt wird, also auf die Inputs, nicht auf die Outputs.

QUALITÄTSSICHERUNG

Mit Hilfe der Qualitätssicherung wird gewährleistet, dass das System funktioniert. Sie stellt eine systematische Methode zur Vermeidung von Qualitätsproblemen dar.

WAHRE QUALITÄTSKONTROLLE

Qualitätskontrolle ist der Einsatz von Verfahren zur Aufrechterhaltung der Qualität eines Produktes/eines Prozesses/einer Dienstleistung. Sie dient der Identifikation und Beseitigung von Fehlerursachen.

Das TQM-Modell

Lieferantenketten

Systeme, Instrumentarium und Teams

Verantwortungsbereitschaft

Unternehmenskultur und Kommunikation

Zusammenfassung

3 Das TQM-Modell

In den beiden ersten Kapiteln ging es darum, dass die Durchsetzung von Qualität in jeder Organisation von den Beziehungen zwischen Lieferanten und Kunden abhängt. Der entscheidende Mechanismus, der zwischen ihnen entwickelt werden muss, ist der Prozess, mit dem die Inputs in solche Outputs transformiert werden können, die den Anforderungen des Kunden entsprechen.

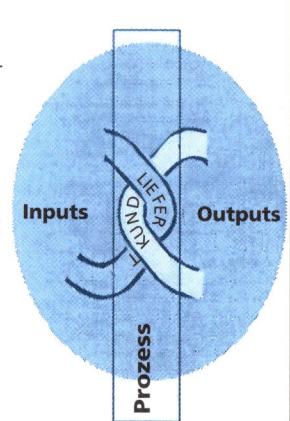

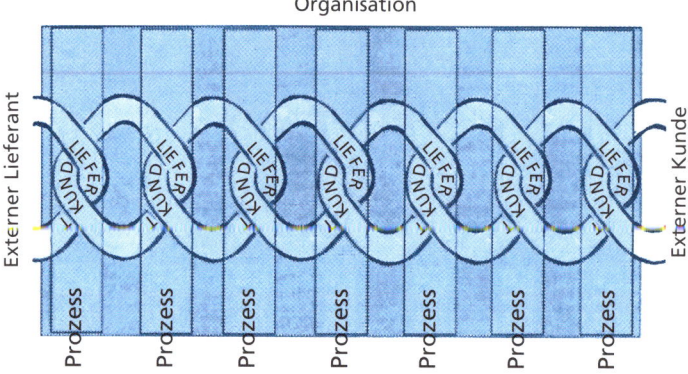

Die Lieferanten und ihre Kunden, interne und externe, bilden die Glieder der Lieferkette, aus der die Endprodukte der Organisation für die externen Kunden hervorgehen.

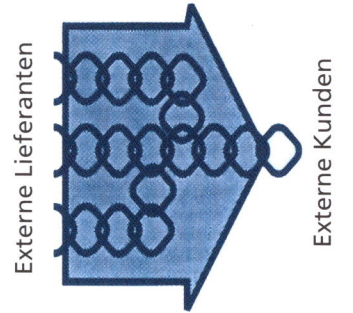

Obwohl die Bereitstellung jedes Produkts/jeder Dienstleistung auf dem Durchlaufen mehrerer verknüpfter Ketten beruht (siehe links), und obwohl verschiedene Kunden unterschiedliche Anforderungen stellen, werden wir für die Konstruktion eines einfachen Modells annehmen, dass all dies durch *eine* Kette zwischen Lieferant und Kunde repräsentiert werden kann:

DAS TQM-MODELL 3

Die Kette zwischen Kunde und Lieferant ist das Kernstück des Qualitätsmanagement-Modells.

Hier haben wir es dreidimensional dargestellt, eine aktive Kraft innerhalb der Organisation, mit dem Ziel, dem externen Kunden das Produkt oder die Dienstleistung zu liefern. Der Organisation wird das jedoch nur gelingen, wenn sie über geeignete Mittel verfügt.

Die Kette zwischen Lieferant und Kunde ist zwar unerlässlich, allein aber nicht ausreichend. Sie muss durch unterstützende Mechanismen ergänzt werden ...

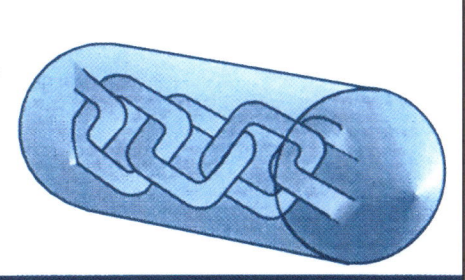

Erforderlich sind ...

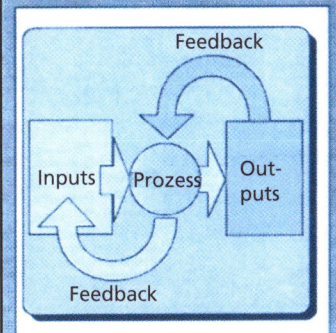

- Systematische Planung
- Ein Instrumentarium zum Messen, Bereitstellen und Aufrechterhalten der Qualität 
- Der Aufbau von Qualitäts- und Entwicklungsteams 
- Kommunikation zwischen allen Abteilungen der Organisation 
- Der Wille der Organisation, die Verantwortung für das TQM zu übernehmen 
- Die Reflexion über eine mögliche Veränderung der Organisationskultur 

All diese unterstützenden Elemente sind wesentliche Bestandteile für die Konstruktion eines Qualitätsmanagement-Modells, das sich unabhängig von Größe oder Branche auf jedes Unternehmen und jede Organisation übertragen lässt.

3 Das TQM-Modell

Die drei Elemente – Teams, Instrumentarium und Systeme – bilden eine Schutzschicht um die zentrale Kette zwischen Lieferant und Kunde.

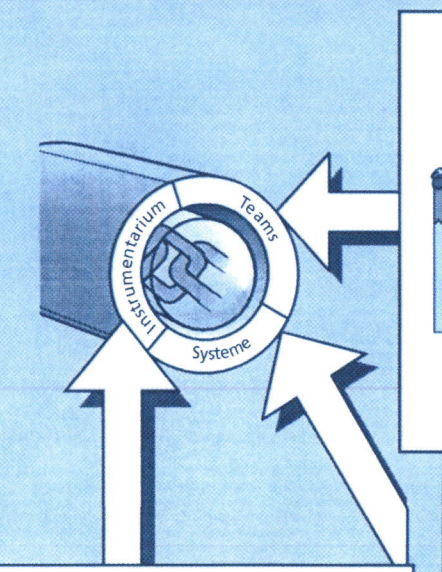

Teams

Bei diesem Element, ausführlich in Kapitel 8 beschrieben, geht es um die Organisation leistungsorientierten Qualitätsmanagements, aktionszentrierte Führung und besonders um den Aufbau von Teams.

Instrumentarium

Dieses Element umfasst die Instrumente und Verfahren, die zur Bereitstellung und Aufrechterhaltung der Qualität notwendig sind. Dazu gehört der Einsatz genauer Messmethoden, mit denen Verbesserungsmöglichkeiten erkannt und die Leistungen mit internen und externen Standards verglichen werden können. Näheres in Kapitel 7.

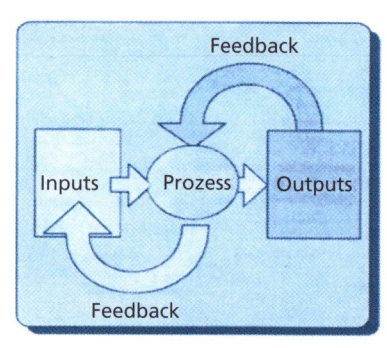

Systeme

Systeme sorgen dafür, dass jeder Prozess die Inputs in zufriedenstellende Outputs umwandelt. Systematische Planung ist wesentlich für ein effektives Qualitätsmanagement. Diese Systeme garantieren hohe Qualität. Wie sie gestaltet und umgesetzt werden, wird in Kapitel 6 beschrieben.

Diese drei Elemente beeinflussen das tägliche Qualitätsmanagement. Sie bilden die innere von zwei Schichten ...

Das TQM-Modell 3

Die innere Schicht wird von einer äußeren umgeben, die wiederum drei Elemente enthält. Sie formen den Charakter einer Organisation und bestimmen ihre langfristigen Pläne.

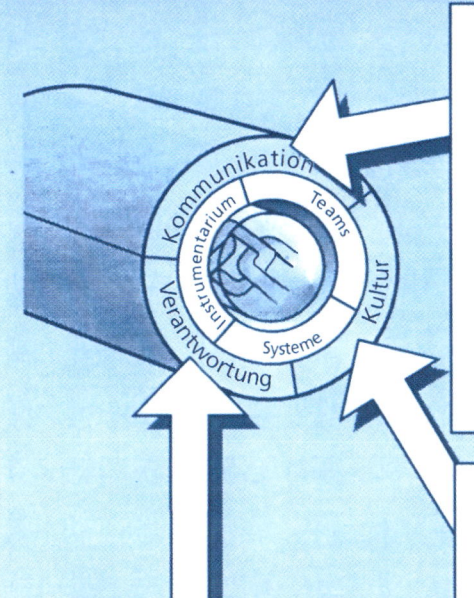

Kommunikation

Interne Kommunikation zwischen Einzelnen und Abteilungen stellt einen unerlässlichen Informationskanal für Leistungsmanagement und Teamwork dar. Sie wird ausführlich in Kapitel 5 behandelt. Ebenso wichtig ist der Aufbau von Kommunikationswegen zu Lieferanten und externen Kunden.

Verantwortungsbereitschaft

Zuallererst muss das leitende Management die Verantwortung für Qualität übernehmen. Allerdings wird jeder Versuch, ein Qualitätssystem einzuführen, ohne die uneingeschränkte Unterstützung der übrigen Organisation scheitern. Die Bedeutung der Verantwortungsbereitschaft ist Thema des nächsten Kapitels.

Kultur

Die Fähigkeit einer Organisation, Veränderungen zu akzeptieren, die in ihr dominierenden Werte und die internen Arbeitsbeziehungen sind einige der Faktoren, die für die Umsetzung des TQM wesentlich sind. Dazu gehören auch die Beziehungen zum Organisationsumfeld. Dieses grundlegende Thema wird ebenfalls im nächsten Kapitel behandelt.

Diese sechs Elemente bilden die unterstützenden Mechanismen für das Kernstück des TQM-Modells. Sie sind die grundlegenden Bestandteile eines erfolgreichen Programmes und werden in den restlichen Kapiteln des Buches dargestellt.

3 ZUSAMMENFASSUNG

TQM ...

Die jeweiligen Berührungspunkte zwischen Kunde und Lieferant (interne und externe) bilden das Kernstück des TQM-Modells, das sich auf sämtliche Organisationsformen übertragen lässt.

... UND WAS DAZU GEHÖRT

Unterstützende Mechanismen müssen die Berührungspunkte ergänzen. Dazu gehören Systeme, Instrumentarium und Teams. Kommunikation, Verantwortungsbereitschaft und die Kultur innerhalb der Organisation unterstützen den Austausch zusätzlich.

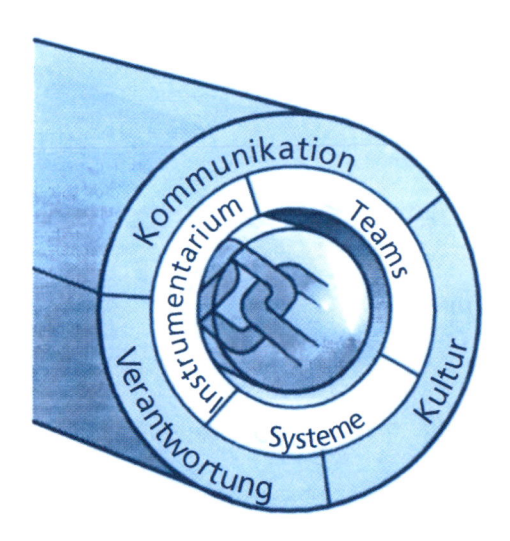

4

VERANTWORTUNGSBEREITSCHAFT

Oberes Management

Vision, Mission, entscheidende Erfolgsfaktoren und Schlüsselprozesse

Beteiligung – Verbesserung auf Dauer

Fünf Schritte zur Integration von TQM

Zehn Maßnahmen für das Management

Zusammenfassung

4 VERANTWORTUNGSBEREITSCHAFT

Berger & Sohn waren mein Leben

Die unabdingbare Voraussetzung für höchste Qualität ist VERANTWORTUNGSBEREITSCHAFT.

Aber was bedeutet das wirklich?

Nichts für ungut, aber seit der junge Herr Berger 2007 diese seltsame Maschine angeschafft hat, ist nichts mehr, wie es mal war.

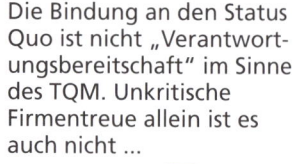

Die Bindung an den Status Quo ist nicht „Verantwortungsbereitschaft" im Sinne des TQM. Unkritische Firmentreue allein ist es auch nicht ...

Meine Firma Auf Biegen und Brechen

... denn wenn der Geschäftsführer aus seinem Alptraum erwacht, dass die Firma von einer feindlichen Übernahmen bedroht ist ...

... dann weiß er, dass sich einiges verändern muss, um das Überleben zu sichern. Er wird hart arbeiten und einen Plan entwerfen müssen, um das Unternehmen zu retten. Aber er weiß, dass er zum Scheitern verurteilt ist, wenn die Belegschaft nicht mit ihm an einem Strang zieht.

Doch das Problem ist – wie kann er seine Kollegen und Angestellten so weit motivieren, dass sie sich für die Umsetzung der Veränderungen verantwortlich fühlen?

Die übrigen Vorstandsmitglieder wird er relativ einfach überzeugen können. Doch was ist mit den anderen?

VERANTWORTUNGSBEREITSCHAFT 4

In dieser Firma läuft es beispielsweise so ...

Der Geschäftsführer spricht ...

Ich habe eine VISION!

... eine Vision UNSERES UNTERNEHMENS, erfolgreicher als in unseren KÜHNSTEN TRÄUMEN!

Wir bringen den Käufern das BESTMÖGLICHE PRODUKT zum BESTMÖGLICHEN PREIS! ...

... eine Firma, in der DIE ARBEIT JEDEN GLÜCKLICH MACHT!

Gehet hin und VERBREITET MEINE WORTE!

Aber es wird sich einiges VERÄNDERN müssen!

EINE VISION!

WIR HABEN EINE VISION!

Der Personaldirektor wird informiert.

Sag es den Leuten.

Weißt du, wir haben diese Vision ...

Äh ...

4 VERANTWORTUNGSBEREITSCHAFT

... also, Leute, das Motto heißt VISION.

Was hatte der denn?

Keine Ahnung, irgendwas mit Doppelvision oder so.

Ich glaube, sie haben es begriffen ...

So lässt sich TQM sicher NICHT umsetzen. Versuchen wir es noch einmal ...

Der Geschäftsführer (GF) versuchte, TQM von oben herab durchzusetzen.

GF
Belegschaft

Der Personalleiter bekam die unmögliche Aufgabe, einen WECHSEL DER INNEREN EINSTELLUNG herbeizuführen.

Der Traum des GF wird von der Belegschaft voraussichtlich nicht geteilt werden.

Wir haben eine Vision

Selbst wenn es durch neue Programme unterstützt wird – „reines Qualitätsmanagement" von oben herab kann nicht funktionieren.

Wir haben keine VISION

Es wird tendenziell wenig Verständnis dafür geben, dass Veränderungen nötig sind und wie sie umgesetzt werden sollen.

Und das wahrscheinlichste Ergebnis dieser Strategie ist Widerstand und Zwietracht.

Diese Strategie geht davon aus, dass organisatorische Veränderungen, Zielbeschreibungen und Programme von selbst Transformationen bewirken.

VERANTWORTUNGSBEREITSCHAFT 4

JE STRIKTER DIE VERÄNDERUNGEN VON OBEN HERAB DURCHGESETZT WERDEN, DESTO GERINGER DIE CHANCE, DASS DER WANDEL ERFOLGREICH IST.

Anziehen! Sonst... *Sonst was...?*

– besonders, wenn nur eine Gruppe in der Organisation das Programm „besitzt".

Es ist sehr viel wahrscheinlicher, dass Mitarbeiter Verantwortung für Veränderungen in ihrem eigenen Kompetenzbereich übernehmen, besonders da, wo sie Kontrolle ausüben. Das Problem besteht also darin, die Mitarbeiter zu motivieren, ihre TQM-PROZESSE zu verändern und zugleich ihre Aufgaben und ihre Verantwortlichkeit entsprechend auszurichten.

Eine Organisation verändert sich, indem sie ihre Prozesse verändert.

Die erfolgreiche Integration von Qualitätsmanagement innerhalb eines Unternehmens hängt also von der Umsetzung der Firmenvision in die Praxis ab. Dies geschieht in mehreren Schritten. Zuerst kommt der Unternehmensleitung die Aufgabe zu, die Vision in einer Zielbeschreibung zu formulieren und zu entscheiden, wie die Organisation verändert werden soll.

Führung: DIE VISION für das Unternehmen → ZIEL-Beschreibung → ÜBERPRÜFUNG der Managementstruktur

Mittleres Management: EFFEKTIVE PLANUNG zur Zielerreichung

Belegschaft: ENTSCHEIDENDE ERFOLGSFAKTOREN & PROZESSE → EMPOWERMENT und TEILHABE der Mitarbeiter

Dann muss das mittlere Management Methoden entwickeln, um den Anforderungen der Zielbeschreibung zu genügen. Es müssen diejenigen Schlüsselprozesse identifiziert werden, die der Modifikation, Verbesserung oder gar Neugestaltung bedürfen.

Schließlich müssen die speziellen Kenntnisse der Belegschaft eingesetzt werden, um herauszufinden, wie die Prozesse, für die sie verantwortlich sind, verbessert werden können, um den neuen Erfordernissen zu entsprechen.

Jeder in der Organisation muss dazu motiviert werden, die Veränderungen in seinem Verantwortungsbereich herbeizuführen.

4 VERANTWORTUNGSBEREITSCHAFT

DIE PRINZIPIEN DES VERÄNDERUNGSMANAGEMENTS HABEN UNIVERSELLE GÜLTIGKEIT.

Es war einmal ein Direktor in einer Schule.

Diese Schule ist schrecklich.

Direktor

Vor langer Zeit hatte sie einen guten Ruf, aber jetzt waren die Kinder aufmüpfig und die Lehrer apathisch. Selbst die alten Kräfte hatten die Hoffnung aufgegeben. Lehrer wie Schüler haben eine geringe Erfolgserwartung an die Schule. Sie haben sich damit abgefunden, beim Lehren und Lernen zu scheitern, und der Direktor scheint nicht in der Lage zu sein, die Lehrer zu einem Wandel ihrer inneren Einstellung zu bewegen...

Ich bin hier Lehrerin seit 20 Jahren und seit den guten alten Tagen geht es nur noch bergab. Es hat alles keinen Sinn mehr.

Ich bin sicher, es hat nichts mit den Kindern zu tun...

Ich habe die Vision einer viel besseren Schule, aber ich kann die anderen Lehrer nicht davon überzeugen.

Diese Kinder können mehr.

Wann hat Klaus das letzte Mal selbst unterrichtet?

Meine Hooligans nicht!

Also gut, Leute. Zwei plus zwei?

Hatten wir noch nicht.

Als Flugzeugbauer brauche ich kein zwei plus zwei.

Oh nein, nicht schon wieder die alte Zwei-plus-zwei-Leier!

Es schien kein Entrinnen zu geben aus der Abwärtsspirale, die neues Scheitern nach sich zieht, als plötzlich der Engel der Qualität erschien...

Übertrage deine Visionsbeschreibung in Prozesse.

Hä?

Verantwortungsbereitschaft 4

Der Direktor erfuhr, dass er seine Vision in einer Zielbeschreibung, die für die Lehrer akzeptabel war, formulieren und dann die entscheidenden Erfolgsfaktoren und Schlüsselprozesse angehen musste.

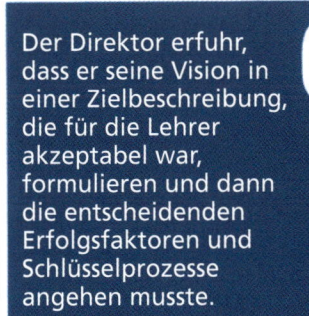

Suche nach den Schlüsselprozessen, die die Identität und Leistung der Schule beeinflussen ...

Warte, nicht so schnell.

... und identifiziere die Schlüsselelemente, die verändert werden müssen. Komm, wir sehen uns eine andere Schule an.

Der Guru vereinbarte einen Termin bei einer ähnlichen Schule, aber mit einem sehr viel besseren Ruf...

Diese Schule war einst ganz unten, aber Franz Becker hat sie umgekrempelt. Du musst jetzt allein weitergehen – Viel Glück!

Gropius-Hauptschule

Hallo, wie ich höre, haben Sie unsere alten Probleme. Ich zeige Ihnen mal die Schule.

Dies ist der Projektraum. In Teams entwickeln die Lehrer die Projekte für die höheren Klassen, und die Schüler führen sie ohne Aufsicht durch. Schauen wir uns jetzt mal den Computerraum an.

Diese Fünftklässler lernen ein Programm namens C++. Zum Glück haben wir einen begnadeten Mathe-Lehrer.

Der Direktor der Gropius-Hauptschule legte dar, wie seine Strategie kontinuierlicher Veränderung und Verbesserung den Enthusiasmus der Lehrer und Schüler am Leben erhielt.

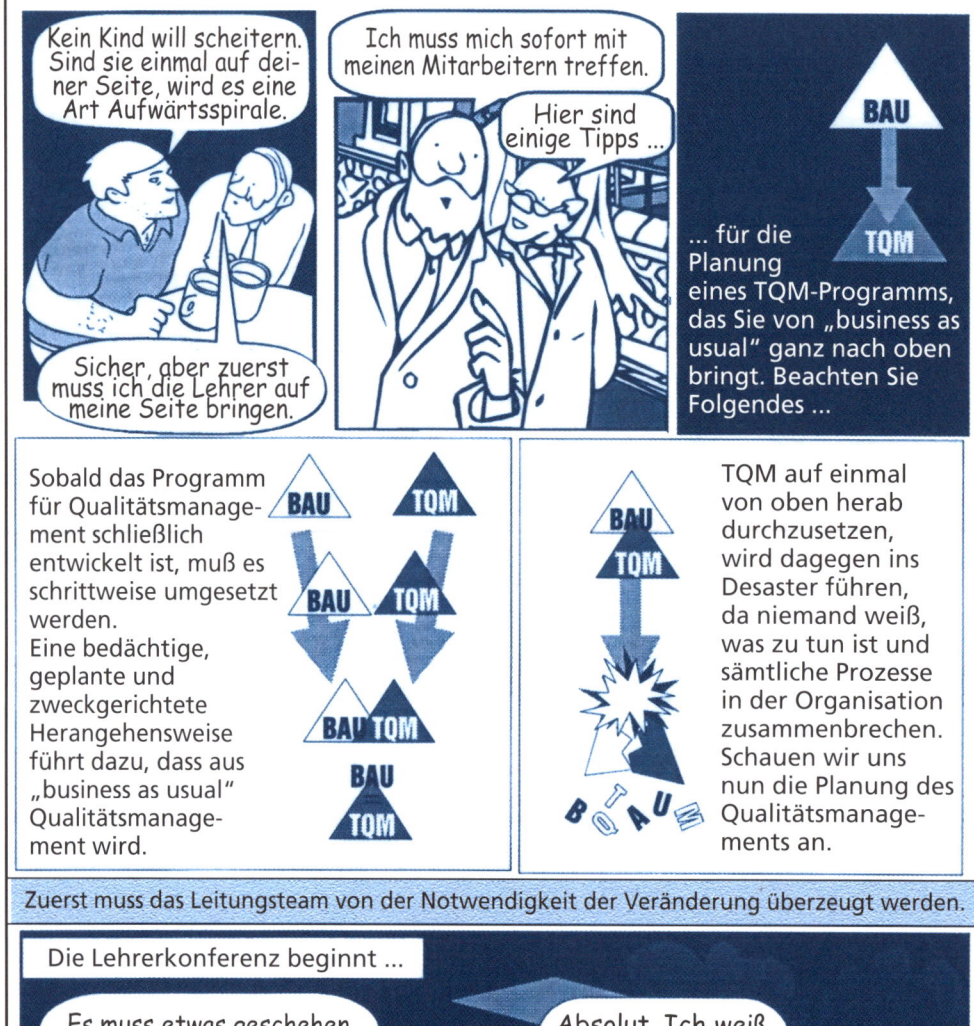

4 VERANTWORTUNGSBEREITSCHAFT

Kein Kind will scheitern. Sind sie einmal auf deiner Seite, wird es eine Art Aufwärtsspirale.

Sicher, aber zuerst muss ich die Lehrer auf meine Seite bringen.

Ich muss mich sofort mit meinen Mitarbeitern treffen.

Hier sind einige Tipps ...

... für die Planung eines TQM-Programms, das Sie von „business as usual" ganz nach oben bringt. Beachten Sie Folgendes ...

Sobald das Programm für Qualitätsmanagement schließlich entwickelt ist, muß es schrittweise umgesetzt werden. Eine bedächtige, geplante und zweckgerichtete Herangehensweise führt dazu, dass aus „business as usual" Qualitätsmanagement wird.

TQM auf einmal von oben herab durchzusetzen, wird dagegen ins Desaster führen, da niemand weiß, was zu tun ist und sämtliche Prozesse in der Organisation zusammenbrechen. Schauen wir uns nun die Planung des Qualitätsmanagements an.

Zuerst muss das Leitungsteam von der Notwendigkeit der Veränderung überzeugt werden.

Die Lehrerkonferenz beginnt ...

Es muss etwas geschehen. Zum Wohle der Kinder und für unsere Selbstachtung ...

Absolut. Ich weiß, dass ich es besser kann und meine Abteilung auch.

Genau. Wir brauchen einen Plan, dem wir alle zustimmen können.

Ja, wir müssen endlich aufhören, uns selbst zu bemitleiden.

Ähem ...

Wann sollten wir anfangen?

VERANTWORTUNGSBEREITSCHAFT 4

Als nächstes muss ein Ziel entwickelt und entschieden werden, was zu verändern ist.

Meiner Ansicht nach liegt es nicht an den Kindern. Also müssen wir uns steigern.

Sollen wir sie bilden oder auf die Prüfungen vorbereiten?

Schließt das eine das andere aus?

Denken wir nun über fächerübergreifende Projekte nach.

Mein Kunstkurs könnte zusammen mit den Leuten aus Peters Theaterkurs an den Bühnenbildern arbeiten ...

Dann sollte definiert werden, worin die besonderen Stärken der Organisation liegen ...

Ich finde, unsere Schule kann auf ihr Fußballteam stolz sein ...

Im letzten Jahr hat es die Schulmeisterschaften gewonnen – in einigen Dingen sind wir also Spitze.

Wir müssen Mathe also nur so interessant wie Fußball machen, nicht wahr, Sven?

NICHTS kann sie für Mathe interessieren. Machen wir uns nichts vor.

Nun müssen einige ENTSCHEIDENDE ERFOLGSFAKTOREN bestimmt werden. Sie werden Aufschluss darüber geben, ob Ihre Leistung dem erforderlichen Niveau entspricht. Zum Beispiel ...

Woran können wir sehen, dass wir erfolgreich waren?

Wenn die Zahl der Anmeldungen für unsere Schule die Zahl der Plätze übersteigt.

... und worin die Schwächen

47

4 VERANTWORTUNGSBEREITSCHAFT

Im nächsten Schritt müssen messbare Ziele festgelegt werden; sie sind die Schlüsselindikatoren für die Leistung ...

Wir müssen die Prüfungsergebnisse verbessern – und zwar auf Dauer.

... und die entscheidenden Erfolgsfaktoren müssen in Schlüsselprozesse zerlegt werden.

Das bedeutet, unsere Lehrer müssen sich weiterbilden, von anderen lernen, alte Lehrmethoden verwerfen, Feedback geben und Teams zur Bekämpfung schwacher Leistung bilden ...

Schließlich müssen die entscheidenden Prozesse in Aufgaben zerlegt werden.

Bitte reicht Eure Ideen bis Ende nächster Woche schriftlich ein. Sven, du wolltest mich sprechen?

Unser Beruf ist so undankbar, Klaus.

Du willst dich frühpensionieren lassen, Sven? Es gibt da Möglichkeiten...

Die Umsetzung von Veränderungen kann zum Abwerfen von Ballast führen

Und so wird eine neue Mathematiklehrerin eingestellt

Welche Ideen haben Sie für den Unterricht für 13-Jährige?

Eine ganze Menge! Sie müssen nur Ihre Vorstellungskraft miteinbeziehen ...

Wie unterscheidet sich die Geschwindigkeit des Ballons von der des Flugzeugs?

Die Geschwindigkeit des Ballons ist immer Null!

Ein Jahr darauf ...

Die Qualität der Schule hat sich mit zunehmendem Tempo gesteigert, da die Lehrer ihre Selbstachtung wiedergefunden haben und eigene Ideen einbringen konnten. Die Schüler sind zu sehr mit ihren Aufgaben beschäftigt, als dass sie Dummheiten machen könnten. Die Zeugnisnoten sind ausgezeichnet, und die Schule ist bei ehrgeizigen Eltern sehr begehrt.

Tut mir leid, Frau Buchspieß, aber die Leistungen Ihres Sohnes reichen nicht für eine Aufnahme aus.

VERANTWORTUNGSBEREITSCHAFT 4

Doch damit die Saat des Wandels aufgehen kann, muss der Boden fruchtbar sein ...

Wie groß die Verantwortungsbereitschaft in der Führungsriege auch sein mag, wenn die Kultur der Organisation es nicht erlaubt, dass Ideen geäußert und weiterentwickelt werden, dann muss das Qualitätsmanagement scheitern ...

Der Produktionsleiter spricht ...

Ja, Herr Heinke.

Ich dulde keinen Schlendrian, Weber.

In diesem Betrieb wird nicht gefaulenzt. Der Mann da drüben BEWEGT SICH NICHT!

Ja, Herr Heinke.

Wenn er keine gute Entschuldigung hat: Feuern Sie ihn!

Währenddessen

Diese Packmaschine ist lahm wie eine Schnecke. Ich hätte eine Idee, wie sie dreimal so schnell laufen könnte.

Pass' auf, was du sagst, Jörg. Du weißt, dass sich der Chef nicht gerne reinreden lässt.

49

4 VERANTWORTUNGSBEREITSCHAFT

VERANTWORTUNGSBEREITSCHAFT 4

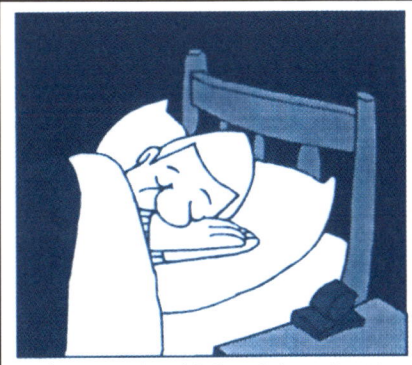

In dieser Nacht schläft Heinke unberührt von dem Chaos, das er verursacht hat.

Plötzlich ...

"Schande über dich, Heinke!"

"Deine Tyrannei könnte die Firma ruinieren" sagt der Guru ...

"... Du wirst von deinen Kollegen verachtet werden und verlierst wahrscheinlich deinen Job..."

"Ich rauche nicht mal."

"... und du wirst Kippen aus dem Rinnstein aufsammeln müssen!"

"Hast du noch nie etwas von Teamwork gehört? Damit die Belegschaft ihr Bestes geben kann, müsst Ihr zusammenarbeiten – nicht gegeneinander. Denk daran, dass ihr alle in einem Boot sitzt!"

"Um Verbesserungen herbeizuführen, musst du die KULTUR deiner Organisation verändern, so dass die Belegschaft bereit ist, Verantwortung zu übernehmen."

"Drehen wir die Zeit noch mal zurück. Aber deinen Ja-Sager lassen wir zu-Hause."

"Es ist die Versandabteilung."

"Alles. Wird alles gemacht! Aber wie fange ich an? Und was meinst du mit Kultur?"

Die Kultur einer Organisation wird geprägt durch die gemeinsame Vorstellung davon, wie das Unternehmen geleitet wird, wie die Angestellten behandelt werden und wie sie sich verhalten.

4 VERANTWORTUNGSBEREITSCHAFT

Alle Mitglieder der Organisation, von der Spitze bis zur Basis, sind für Verbesserungen in ihrem Verantwortungsbereich verantwortlich. Und dafür, dass in ihrem Prozess zwischen Lieferant und Kunde keine Fehler auftreten.

VERANTWORTUNGSBEREITSCHAFT 4

Die Umsetzung von TQM bedeutet, neue Verantwortlichkeiten unter prozessorientierten Bedingungen zu schaffen.

Die fünf Schritte zur Integration von TQM in der Organisation

Wir müssen uns verändern. Was für ein Unternehmen wollen wir sein?

Äh, ich geb's auf.

1 DIE ZIELBESCHREIBUNG

Im ersten Schritt muss die Organisation ihre Ziele und Vorstellungen eindeutig festlegen. Mit Hilfe der Zielbeschreibung können sie formuliert werden. Sie sollte:

- das Anliegen der Organisation und ihre Funktion definieren
- die Verantwortungsbereitschaft für effektive Führung und Qualität festschreiben
- Zwischenziele und die Beziehungen mit den Kunden deutlich machen
- die Position der Organisation im Markt – auch im Vergleich mit anderen – bestimmen
- Aussagen über die zukünftigen Pläne enthalten
- die Notwendigkeit für kontinuierliche Verbesserungen deutlich machen

2 STRATEGIEN UND PLÄNE

Die Organisation muss Strategien entwickeln, um ihre Ziele zu erreichen und die Marktposition zu sichern. Dann müssen Pläne zur Realisierung ihrer Strategien entworfen werden. Die Bereitschaft, Verantwortung für TQM zu übernehmen, wird höher sein, wenn die Angestellten das obere Management beim Planungsprozess unterstützen.

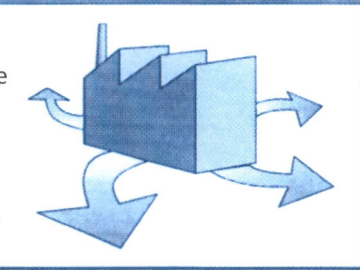

3 ENTSCHEIDENDE ERFOLGSFAKTOREN UND SCHLÜSSELPROZESSE

Als nächstes folgt die Identifikation der **entscheidenden Erfolgsfaktoren** – der wichtigsten Unterziele der Organisation. EEF beschreiben im Einzelnen, was im Zuge der Zielerreichung verwirklicht werden muss. Den EEF folgen die **Schlüsselprozesse** – die Aktivitäten, die besonders reibungslos ablaufen müssen, damit der Erfolg gewährleistet ist.

4 ÜBERPRÜFUNG DER MANAGEMENTSTRUKTUR

Nachdem die Unternehmensziele und -strategien, die EEF und Schlüsselprozesse definiert worden sind, kann es erforderlich werden, die Strukturen der Organisation zu überprüfen, damit die neuen Pläne auch wirklich funktionieren. Möglicherweise müssen die Kompetenzen der Manager neu definiert und neue Verfahren eingeführt werden. Mit dieser Überprüfung sollte außerdem der Aufbau einer organisationsweiten Struktur einhergehen, die die Prozessverbesserung durch Qualitätsteams erleichtert.

4 VERANTWORTUNGSBEREITSCHAFT

5 EMPOWERMENT UND BETEILIGUNG

Das Management der Verantwortungsübertragung an Mitarbeiter zerfällt in mehrere Bereiche: Kommunikationsmanagement, Management der inneren Einstellung, der Fähigkeiten und der Teilhabe an Prozessen.

Kommunikationsmanagement:

1. kommunizieren Sie mit Angestellten aller Organisationsebenen
2. leiten Sie anschließend geeignete Maßnahmen ein
3. fördern Sie die reibungslose Kommunikation zwischen allen Lieferanten und Kunden innerhalb der Kette

Ich verstehe euch.

Management der inneren Einstellung:

Steigerung der Selbstwahrnehmung.
Grundsätzlich müssen alle Mitglieder der Organisation folgendermaßen eingestellt sein:
Ich muss wissen, wer meine Kunden sind, was sie von mir brauchen. Ich muss Kenntnis davon haben, inwieweit ich ihren Anforderungen entspreche. Aus dieser Haltung ergibt sich die logische Folgerung: Ich muss, als Kunde, meinen Lieferanten deutlich machen, welche Anforderungen ich habe, und ich muss ihnen Rückmeldung über ihre Leistung geben.

WER BIN ICH? MÖCHTE ICH MICH KENNEN?

Management der Fähigkeiten

Wir haben ein paar Veränderungen vorgenommen – legen Sie schnell diesen Fallschirm an. Sie springen heute Nachmittag.

Jeder Angestellte muss seine Aufgaben erfüllen – zuerst muss jedoch entschieden werden, was erforderlich ist. Veränderungen der Prozesse bedeuten Veränderungen dessen, was erforderlich ist. Das wiederum bedeutet das Erlernen neuer Fertigkeiten oder den Erwerb neuer Kenntnisse. Die **Weiterbildung** muss also geplant werden und Kontinuität haben.

Partizipationsmanagement

Ich habe so langsam den Eindruck, dass Ursula nicht ganz bei der Sache ist.

Alle Mitarbeiter müssen in den Grundlagen disziplinierten Managements ausgebildet werden, d. h., sie müssen dafür ausgebildet werden, jede Situation zu **bewerten** und die entsprechenden Ziele zu definieren, die Erreichung dieser Ziele zu **planen**, zu **handeln**, den Zielerreichungsgrad zu **kontrollieren** und, schließlich, zu **verbessern**.

VERANTWORTUNGSBEREITSCHAFT 4

DIE ENDLOSSPIRALE DER VERBESSERUNG

Die Abfolge – EVALUATION, PLANUNG, HANDELN, KONTROLLE und KORREKTUR – stellt einen kontinuierlichen Prozess dar und wird zu einem Klima der kontinuierlichen Verbesserung innerhalb der Organisation führen.

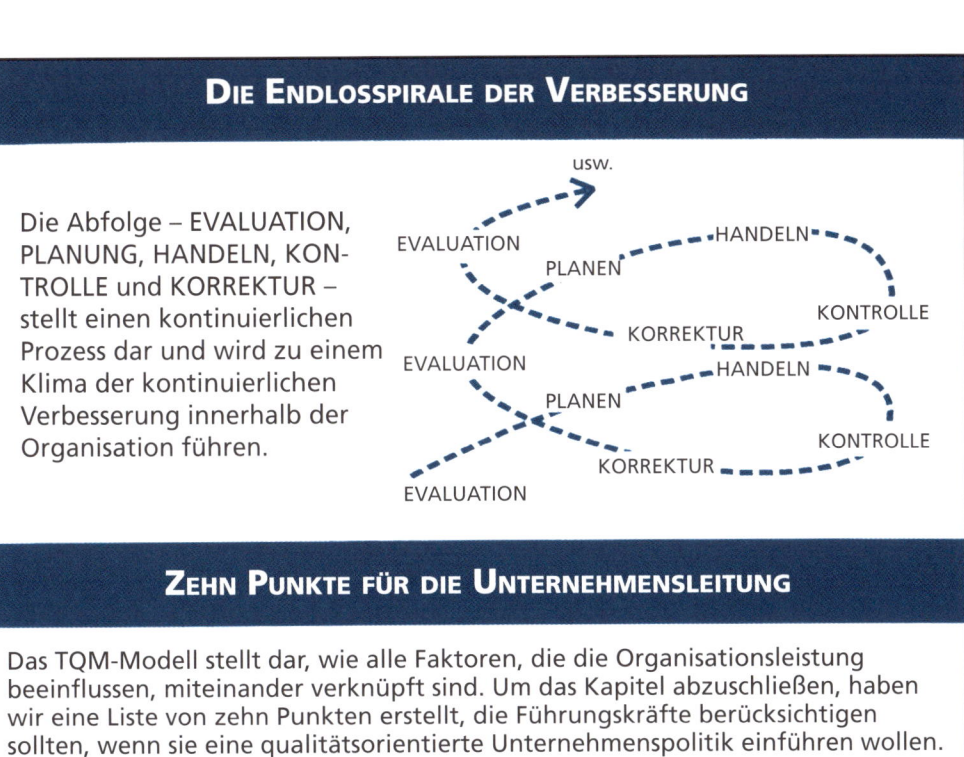

EVALUATION – PLANEN – HANDELN – KONTROLLE – KORREKTUR – EVALUATION – PLANEN – HANDELN – KONTROLLE – KORREKTUR – EVALUATION – usw.

ZEHN PUNKTE FÜR DIE UNTERNEHMENSLEITUNG

Das TQM-Modell stellt dar, wie alle Faktoren, die die Organisationsleistung beeinflussen, miteinander verknüpft sind. Um das Kapitel abzuschließen, haben wir eine Liste von zehn Punkten erstellt, die Führungskräfte berücksichtigen sollten, wenn sie eine qualitätsorientierte Unternehmenspolitik einführen wollen.

DIE GRUNDLAGEN DES TQM-MODELLS

1 Die Organisation muss **langfristig die Verantwortung** für konstante Verbesserungen übernehmen.

2 Verinnerlichen Sie die **Philosophie der „null Fehler"** und schaffen Sie eine „Kultur des Erfolgs beim ersten Versuch".

3 Wecken Sie das Verständnis Ihrer **Belegschaft** für die Beziehungen zwischen **Kunde** und **Lieferant**.

4 Schauen Sie beim Einkauf nicht nur auf den Preis – berücksichtigen Sie die **totalen Kosten**.

5 Systemverbesserung muss **kontrolliert** werden!

6 Prozessmanagement **überwindet Abteilungsgrenzen**.

7 Räumen Sie **Ängste** durch Ermutigung aus.

8 Keine zufälligen Ziele!
Keine Standards, die nur auf Zahlen basieren!
Keine Grenzen durch Rivalität!
Keine Mutmaßungen!

9 **Weiterbilden, Weiterbilden, Weiterbilden!** Bilden Sie Experten innerhalb des Unternehmens heran.

10 Entwickeln Sie ein **System**, um die Umsetzung von TQM leiten zu können.

4 ZUSAMMENFASSUNG

VERANTWORTUNG ÜBERNEHMEN

Die grundlegende Voraussetzung für das Funktionieren des Qualitätsmanagements ist die Verantwortungsbereitschaft der Unternehmensleitung.

VERANTWORTUNGS- BEREITSCHAFT LEBEN

Durch wirkliche Verantwortungsbereitschaft entsteht eine greifbare Vision.

Sämtliche Veränderungen sollten nicht von oben herab durchgesetzt werden, sondern jeden miteinbeziehen.

Vision und Ziel der Organisation sind in effektive Pläne zur Umsetzung zu übertragen.

Anmerkungen:

_____

_____

_____

_____

_____

ZUSAMMENFASSUNG 4

TQM IN 5 SCHRITTEN

Die fünf Schritte zur Integration von TQM im Unternehmen:

1. Formulierung des Zieles
2. Strategien und Pläne
3. Entscheidende Erfolgsfaktoren und Schlüsselprozesse
4. Überprüfung der Managementstruktur
5. Empowerment und Beteiligung der Mitarbeiter

OPTIMALE LEISTUNG!

Die zehn wichtigsten Bedingungen für eine leistungsfähige Unternehmensorganisation:

1. Auf Verantwortung beruhende, langfristig angelegte Perspektive zur Qualitätsverbesserung
2. Null-Fehler-Management
3. Sensibilisierung der Mitarbeiter für die Wünsche des Kunden; gleichzeitige Optimierung der Beziehung zwischen Kunde und Lieferant
4. Einkauf: nicht nur den Preis, sondern die vollen Kosten berücksichtigen
5. Regelmäßige Kontrolle des Systems zur Qualitätsverbesserung
6. Abteilungsübergreifendes Denken und Handeln
7. Mut und Zuspruch – die beste Motivation
8. Keine Mutmaßungen, keine Zufälle, keine Rivalitäten
9. Praxiswissen anerkennen; Weiterbildung fördern; Qualitätszirkel einrichten; Experten ausbilden und trainieren
10. Entwickeln Sie Ihr System zur Qualitätsverbesserung

Führung — DIE VISION für das Unternehmen → ZIELbeschreibung → ÜBERPRÜFUNG der Managementstruktur

Mittleres Management — EFFEKTIVE PLANUNG zur Zielerreichung

Belegschaft — ENTSCHEIDENDE ERFOLGSFAKTOREN & PROZESSE → EMPOWERMENT und BETEILIGUNG der Mitarbeiter

KOMMUNIKATION

5

Veränderungen – Einstellungen und Akzeptanz

Strategie-Qualitätsausschuss und TQM-Koordination

Erste Maßnahmen

Die vier wichtigsten Kommunikationsmethoden

Zehn Methoden, um die Qualitätsverbesserung zu vermitteln

Zusammenfassung

> Gute Kommunikation ist der SCHLÜSSEL zur Qualitätsverbesserung.

5 KOMMUNIKATION

Kluge Ideen der Führungskräfte vermitteln sich nicht von selbst.

KOMMUNIKATION 5

Um die innere Einstellung der Mitarbeiter gegenüber Qualität zu ändern, müssen wir Akzeptanz für die Notwendigkeit der Veränderungen schaffen.

Ein Grundprinzip der Kommunikation

Hört sich wie gesunder Menschenverstand an, dennoch ist die Kommunikation in einigen Organisationen überraschend schlecht. Gute Kommunikation ist der SCHLÜSSEL zur Qualitätsverbesserung.

Kommunikationsstrategien sollten in die Organisation integriert sein, von oben nach unten.

TOPMANAGEMENT → QUALITÄTS-AUSSCHUSS → TQM – KOORDINATOR → MITTLERES MANAGEMENT → ABTEILUNGSLEITER → ANDERE ANGESTELLTE

Eine Kommunikationsstruktur könnte folgendermaßen aufgebaut sein: Das **Topmanagement** setzt einen Qualitätsausschuss ein, der aus Mitgliedern des mittleren Managements und aus Abteilungsleitern besteht. Der **Ausschuss** ist für die Koordination der Kommunikationsstrategien in der Organisation zuständig. Die Kommunikationskanäle offen zu halten, ist allerdings die Aufgabe eines TQM-Koordinators.

Der erste Schritt eines Programmes zur Qualitätsverbesserung ist eine Bekanntmachung des Topmanagements.

Zum Beispiel:

Die Vorstandsmitglieder sind der Überzeugung, dass die erfolgreiche Umsetzung des Qualitätsmanagements dafür entscheidend ist, dass wir unsere Unternehmensziele erreichen. In Qualität, Service und Preis wollen wir die Marktführer werden.
Alle Mitarbeiter möchten wir mit unserer persönlichen Hingabe und unserem Enthusiasmus für das TQM anstecken und darlegen, warum Ihre Unterstützung so wichtig für die Prozessverbesserung ist.
Wir können Total Quality in unserer Organisation nur umsetzen, wenn Sie mit Hingabe und Eifer die Prozesse verbessern, innerhalb derer Sie arbeiten. Wir werden Ihnen dabei helfen, indem wir ein Programm zur Weiterbildung und Teamentwicklung starten. Damit möchten wir gewährleisten, dass es gemeinsam vorwärts geht und wir unsere Unternehmensziele erreichen.

Das ist der Vorsitzende, Herr Ufer.

Jau, da hat der Chef recht!

Einige von Ihnen sind ebenso wie ich schon vor Jahrzehnten zu diesem Unternehmen gekommen. Liebe Mitarbeiter, wir müssen jetzt zusammenarbeiten, um unseren Platz verteidigen zu können.

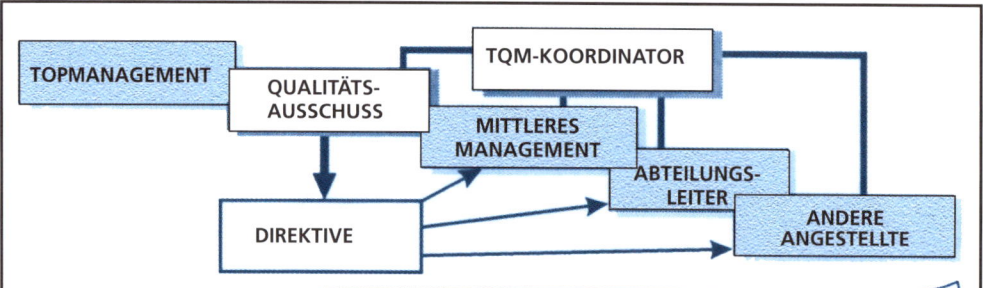

5 KOMMUNIKATION

```
TOPMANAGEMENT → QUALITÄTS-AUSSCHUSS
                QUALITÄTS-AUSSCHUSS ← TQM-KOORDINATOR
                QUALITÄTS-AUSSCHUSS → MITTLERES MANAGEMENT
                                       MITTLERES MANAGEMENT → ABTEILUNGSLEITER
                QUALITÄTS-AUSSCHUSS → DIREKTIVE
                                       DIREKTIVE → ANDERE ANGESTELLTE
```

Im nächsten Schritt sollte der TQM-Koordinator den Qualitätsausschuss bei der Erarbeitung einer Direktive unterstützen, die anschließend in der gesamten Organisation verteilt wird. Die Direktive sollte von jedem Abteilungs-, Sparten- und Prozessleiter unterzeichnet sein und Folgendes enthalten:

Inhalt der Direktive

- Die Notwendigkeit der Verbesserungen
- Das Konzept des Qualitätsmanagements
- Die Bedeutung der Einsicht in die Unternehmensprozesse
- Das geplante Vorgehen
- Die Verantwortlichkeiten von Einzelnen und Prozessgruppen
- Die Prinzipien der Prozessbewertung

Die Direktive sollte mit allen konventionellen Kommunikationsmethoden, die der Organisation zur Verfügung stehen, verbreitet werden.

In jeder Organisation gibt es jedoch auch Widerstand gegen Veränderungen. Deshalb:

Zusammen mit **allen** Angestellten muss die Direktive überprüft werden.

Das heißt, dass wir alle am gleichen Strick hängen.

Jeder muss genau über die Vorgänge informiert sein, andernfalls wird jede neue Initiative auf Misstrauen und Unbehagen stoßen.

Was haben die Chefs dieses Mal vor?

Es ist unerlässlich, dass jeder die Ziele und den Nutzen von TQM versteht, andernfalls werden alle Veränderungsbemühungen auf Widerstand treffen.

Veränderungen? Nur über meine Leiche!

... zwischen den Angestellten und ihren Vorgesetzten oder Abteilungsleitern müssen regelmäßige Treffen stattfinden, um allgemeine Informationen über das Qualitätsmanagement auszutauschen.

KOMMUNIKATION 5

Anfangs sind die verschiedenen Gruppen dem Qualitätsmanagement gegenüber unterschiedlich eingestellt.

VIER RELEVANTE GRUPPEN – VIER ERWARTUNGSHALTUNGEN

TOPMANAGEMENT
Was für uns gut ist, ist auch gut für das Unternehmen.
TQM ist eine **Chance** für die Organisation und für **uns**

MITTLERES MANAGEMENT
Was glaubst Du, an wem die ganze Arbeit hängenbleiben wird?
TQM bedeutet **zusätzliche Arbeit**

ABTEILUNGSLEITER
Die haben nichts Besseres zu tun in der Vorstandsetage.
TQM ist die **Eintagsfliege des Monats**

ANDERE MITARBEITER
Gar nicht beachten, dann geht es schon vorbei.
TQM ist **völlig irrelevant**

Mit Hilfe der Kommunikation muss jede Gruppe davon überzeugt werden, dass Qualitätsmanagement Vorteile für sie bedeutet.

Natürlich gibt es Organisationen in allen Größen und Formen.

Deshalb wird jede das für sie am besten geeignete Kommunikationssystem entwickeln müssen. Das übergeordnete Ziel des Kommunikationsprozesses besteht darin, alle Angestellten zu ermutigen, über die Abteilungsgrenzen hinauszublicken und die Gesamtorganisation in den Mittelpunkt ihrer Überlegungen zu stellen.
Indem die Aufmerksamkeit stärker auf Prozesse als auf Abteilungen gerichtet wird, kann das Schubladendenken überwunden werden.

KONKURRENZ

Das eigentliche Kampfgeschehen sollte außerhalb der Organisation stattfinden.

Die Kommunikationsstrategie wird Erfolg zeigen, wenn alle Mitglieder davon überzeugt sind, dass Qualitätsmanagement sowohl für sie als auch für die Organisation Vorteile bringt.

TQM bedeutet für MITTLERES MANAGEMENT
Ich kann erfolgreicher managen – also kann ich mit Anerkennung rechnen

TQM bedeutet für ABTEILUNGSLEITER
eine motiviertere Belegschaft – das erleichtert mir die Aufgabe

TQM bedeutet für ANDERE ANGESTELLTE
einen sichereren Arbeitsplatz und bessere Weiterbildungsmöglichkeiten

5 KOMMUNIKATION

Verbal — Verbale Kommunikation, entweder zwischen Einzelnen oder Gruppen, unter Einsatz direkter oder indirekter Methoden, z. B. Lautsprecheranlagen, Firmenradio oder Tonbandaufnahmen

Vorteile:
- Direkte Wirkung und Feedback
- Erlaubt einfache Sprache
- Der Sprecher kann die Zuhörerschaft begeistern

Nachteile:
- Abhängig von den Fähigkeiten des Sprechers
- Spricht nur einen der Sinne des Publikums an
- Jede Präsentation muss vorbereitet werden
- Zeitaufwendig und in erster Linie nur für kleine Gruppen geeignet

Schriftlich — Schriftliche Kommunikation in Form von Mitteilungen, Bulletins, Informationsblättern, Berichten und Empfehlungen

Vorteile:
- Nachricht gleichen Inhalts für alle
- Jeder kann die Nachricht zur gleichen Zeit empfangen
- Viele Adressaten schnell zu erreichen
- Verschiedene Kommunikationsformen können zeitgleich eingesetzt werden
- Informationen können später nachgelesen werden

Nachteile:
- Keine Garantie für Empfang/Verständnis
- Ohne Feedback kann es zu Missverständnissen kommen
- Unpersönlich, leblos, wenig Partizipation

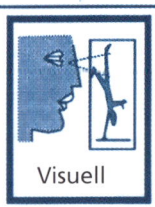

Visuell — Visuelle Kommunikation wie z. B. Poster, Filme, Videobänder, Displays und andere Werbemittel. Einige davon treten mit zusätzlicher Verbal- oder Audiokommunikation auf.

Vorteile:
- 75% aller empfangenen Informationen sind visuell
- Bewegte Abläufe können dargestellt werden
- Partizipation möglich, z.B. Flipchart

Nachteile (bei indirektem Einsatz):
- Keine Garantie für Empfang oder Verständnis
- Unpersönlich, wenig Partizipation

Durch Beispiel — Beispiel durch die Art und Weise, wie sich Menschen benehmen und sich an die Regeln und Verfahren am Arbeitsplatz halten, und durch ihre Effektivität als Kommunikatoren

Vorteile:
- Auf das Vorbild kann die eigene Leistung ausgerichtet werden
- Exakte Demonstration von Regeln und Verfahren
- Starkes Feedback

Nachteile:
- Vor allem für kleine Gruppen geeignet
- Der Kommunikationsprozess zieht sich in die Länge

Effektive Kommunikation bedient sich des am besten geeigneten Mediums...

... und die unmittelbaren Vorgesetzten drücken sich klar aus.

KOMMUNIKATION 5

EINIGE KOMMUNIKATIONSMETHODEN ZUR QUALITÄTSVERBESSERUNG

Jede Organisation entwickelt das System zur internen Kommunikation, das für sie am geeignetsten ist. In manchen wird hauptsächlich das Telefon benutzt, in anderen schriftliche Mitteilungen. Hier nun eine Liste verschiedener Kommunikationsmethoden:

Betriebliches Vorschlagswesen

In einer Organisation, in der ein allgemeines Vorschlagswesen bereits existiert, könnte ein bestimmter Zeitraum für Vorschläge zur Qualitätsverbesserung reserviert werden. Diese Perioden sollten sparsam eingesetzt werden, um maximale Wirkung zu erzielen. Die besten Vorschläge sollten öffentlich präsentiert werden.

Abteilungskonferenzen

In den USA auch als „Huddles" oder Team Briefings bezeichnet, werden bei dieser Methode die Mitglieder einer Abteilung für kurze Zeit zusammengerufen, um für die Gruppe relevante Fragen der Qualität zu diskutieren.
Da die Zeit normalerweise knapp ist – manchmal nur eine Kaffeepause oder ein Schichtwechsel – sollte im voraus ein Ablaufplan erstellt und in der Sitzung rasch ein Punkt nach dem anderen abgehandelt werden.

Posterkampagnen

Poster können einen sehr effektiven Bestandteil der Vermittlung von Qualität darstellen. Die ersten Poster sollten einfach und direkt sein, mit einfachen Botschaften wie: „Qualität fängt hier an", „Der nächste, der deine Arbeit kontrolliert, wird der Kunde sein", „Mach´s beim ersten Mal richtig und vermeide Abfall".

Cartoons und Zeichnungen können die Wirkung häufig verstärken.

Eine Posterkampagne muss sorgfältig geplant, organisiert und durchgeführt werden. Stellen Sie sich die Frage „Was will ich mit der Kampagne erreichen?".
Wählen Sie die Orte, an denen die Poster hängen sollen, mit Sorgfalt aus. Sie sollten gut ausgeleuchtet sein, niemanden behindern und trotzdem gut sichtbar sein.

„Hausgemachte" Poster sind häufig besser als unpersönliche kommerzielle, besonders, wenn es in der Organisation einen Wettbewerb um das beste Qualitätsposter gegeben hat.

Sobald sich die Wahrnehmung der Kampagne bei den Angestellten weiterentwickelt, sollten sich auch die Botschaften auf den Postern verändern. Erneuern Sie die Messages regelmäßig – etwa alle drei Monate.

5 KOMMUNIKATION

Einführungskurse und Schulungen

Qualitätsbewusstsein beginnt dann, wenn ein neuer Angestellter zu der Organisation stößt. In Einführungskursen können die Mitarbeiter für die Anforderungen der Organisation, die Verfahrensabläufe, den Verhaltenskodex und die Qualitätskultur sensibilisiert werden.

Diesem Interesse an Qualität sollte durch Schulungen Rechnung getragen werden, in denen sich die Mitarbeiter für spezielle Aufgaben weiterbilden können. Das Qualitätstraining sollte integrierter Bestandteil der Weiterbildungsmaßnahmen sein und die Konsequenzen der Abwesenheit von TQM sollten aufgezeigt werden.

Sticker am Arbeitsplatz

Während einer Energiekrise wurden die Mitarbeiter von Organisationen durch Sticker mit der Aufschrift „Energie sparen!" ständig an die Notwendigkeit erinnert, Energie nicht zu verschwenden. So können spezielle Probleme hervorgehoben und zu umsichtigen Arbeitsweisen ermutigt werden, besonders dann, wenn sie in der Vergangenheit vernachlässigt worden sind.

TREIBSAND
Wenn Sie dies lesen können, ist es zu spät

Wettbewerbe

Ein Wettbewerb in einem Unternehmen könnte zum Beispiel das Ziel haben, einen nationalen oder internationalen „Qualitätspreis" zu gewinnen; es ließe sich auch ein interner Wettbewerb veranstalten, entweder innerhalb des ganzen Unternehmens oder auf Abteilungsbasis.

Qualitätswettbewerbe können jedoch die Weiterbildung nicht ersetzen. Viele Qualitätswettbewerbe verwenden als Bewertungskriterium Fehler- oder Ausschussraten innerhalb eines bestimmten Zeitraums. Wenn am Wettbewerb Abteilungen mit unterschiedlich hohen Risiken beteiligt sind, müssen einige Bemessungsgrundlagen modifiziert werden, damit die Abteilungen die gleichen Voraussetzungen haben und der Wettbewerb fairer wird. Beispielsweise könnte die prozentuale Fehlersenkung einer Abteilung im Vergleich zu einer Vorperiode bewertet werden. Um die Gewichtung unterschiedlich hoher Risiken in verschiedenen Abteilungen zu berücksichtigen, könnten „Handicaps" in die Wertung eingebaut werden. Man könnte auch die Häufigkeit von Besuchen festlegen, bei denen die Abteilungen von Teams unangekündigt bewertet werden. Die gegebenen Leistungsnoten sollten sich dann am Grad der Kundenzufriedenheit orientieren.

KOMMUNIKATION 5

Preise, formelle Präsentationen und Firmenzeitungen

In Organisationen, in denen Präsentationen vor Qualitätsverbesserungsteams einen Teil des Anerkennungsverfahrens bilden, kann es sinnvoll sein, den Mitarbeitern die Anerkennung etwa in Form einer Urkunde zu bescheinigen.

Als Preise können auch Medaillen oder Wochenendreisen vergeben werden. Fotografien und Berichte über solche Preisverleihungen spielen eine wichtige Rolle. Die gezollte Anerkennung kann in eigenen Firmenzeitungen (oder der Lokalpresse) öffentlich gemacht werden. Die Berichte darüber sollten besonders auffällig gestaltet sein und dürfen ruhig eine ganze Seite einnehmen, die regelmäßig für diese Zwecke reserviert wird.

Alfred ist phantastisch! Das ist sein achter Teddybär in diesem Jahr!

Demonstrationen und Ausstellungen

Dauerausstellungen über bestimmte Qualitätsaspekte können ein gesteigertes Interesse wecken und einen starken Eindruck hinterlassen.

Demonstration von Qualitätsgruppen bei der Arbeit

BLAH

Ich glaube, wir sollten doch lieber wieder Teddybären verteilen.

Meinungsumfragen

In einigen Organisationen bildet die Befragung der Mitarbeiter über ihre Meinung einen festen Bestandteil des Qualitätsmanagements. Werden diese sorgfältig entworfen und effizient eingesetzt, können sie darüber Aufschluss geben, wie das Programm von den Mitarbeitern wahrgenommen wird.

Diese Methode der Informationsbeschaffung birgt allerdings die Gefahr, dass sich Selbstzufriedenheit einstellt, wenn die Ergebnisse immer positiv ausfallen. TQM beruht auf kontinuierlicher Verbesserung, und jeder Erfolg sollte weitergesteckte Ziele nach sich ziehen, damit auch in der Zukunft Verbesserungen realisiert werden können.

Eine weitere Gefahr liegt darin, dass Qualitätsmanagement die Erwartungen steigen lässt und eine zweite Umfrage ergibt, dass sich die Lage verschlechtert hat. Der eigentliche Grund dafür liegt in diesem Fall darin, dass die Probleme durch Weiterbildung und Schulungen stärker ins Bewusstsein gerückt sind und die Fragebögen kritischer ausgefüllt werden.

Was halten Sie von Ihrem Vorgesetzten?

In keiner Organisation ist die Kommunikation perfekt. In den meisten Organisationen muss die Kommunikation erheblich verbessert werden.

5 ZUSAMMENFASSUNG

QUALITÄTSBEWUSSTSEIN – EINE INNERE EINSTELLUNG

Um die innere Einstellung der Mitarbeiter gegenüber Qualität grundlegend zu verändern, muss bei ihnen die Notwendigkeit für Veränderungen geweckt werden.

WICHTIG: QUALITÄTSZIRKEL UND TQM-KOORDINATOR

Die Kommunikationsstrategie für Qualität sollte sich von oben nach unten durch die Organisation ziehen. Ein Qualitätsausschuss sollte eingerichtet und ein TQM-Koordinator ernannt werden.

WIRKUNGSVOLL KOMMUNIZIEREN

Grundsätzlich gibt es vier Kommunikationswege: verbal, schriftlich, visuell und durch Beispiel. Jeder stellt bestimmte Anforderungen, hat seine Stärken und Schwächen. Effektive Kommunikation bedient sich des am besten geeigneten Mediums.

Effektive Kommunikation beruht auf drei Prinzipien:

1. Halten Sie sie einfach!
2. Vermitteln Sie soviel wie möglich im persönlichen Gespräch!
3. Setzen Sie auf einfache, direkte Sprache und Vermittlung durch die unmittelbaren Vorgesetzten!

Systeme

6

Dokumentierte Systeme und Verfahren

Richtlinien

Verfahrensanalyse und Beteiligung der Mitarbeiter

Die ISO 9000er Serie

Beurteilung und Prämierung von herausragenden Unternehmen

Selbsteinschätzung

Zusammenfassung

> Dokumentierte Systeme, die in der gesamten Organisation Anwendung finden, sind ein wesentlicher Bestandteil der QUALITÄTSVERBESSERUNG!

6 Systeme

> An dieser Stelle muss ich Ihnen zwei Schwächen gestehen. Die erste ist ein katastrophales Gedächtnis für Termine ...

> Natürlich führe ich einen Terminkalender und ebenso meine Sekretärin.

> ... solange er seinen Terminkalender mit meinem abgleicht, ist alles in Ordnung!

Einträge des Managers — Einträge der Sekretärin

Terminkalender 1 → Terminkalender 2

Tägliches Abgleichen um 9.00 Uhr

Terminkalender 1 — Terminkalender 2

Dieser elementare Vorgang, zahllosen Managern vertraut, ist ein SYSTEM. Es stellt einen Prozess dar, der die Fehlerquote bei der Dokumentation von Terminen minimiert.

Meine andere Schwäche ist schwerwiegender.

Ich bringe immer noch kein vernünftiges Soufflé zustande.

Das Einzige, worauf ich mich verlassen konnte, war, dass kein Soufflé dem anderen glich. Ich entschloss mich zum Aufgeben und kaufe seither meine Soufflés, statt sie selbst zu machen.

SYSTEME 6

Alain, der Chefkoch und Besitzer, bediente uns persönlich.

> Monsieur, Madame: Herzlich Willkommen im Le Roi des Soufflés!

Eines Abends besuchte ich mit meiner Frau ein Restaurant, das sich auf Soufflés spezialisiert hatte. Ich weiß noch, dass ich dachte, als Souffléchef müsse man zum Bezug einer Risikozulage berechtigt sein, da die Chancen, jedesmal Erfolg zu haben, so gering sind.

> Un...deux...trois...

> ... voilà!

Wie schaffte es der Chefkoch nur, **wieder und wieder** perfekte Soufflés für ein Restaurant voller Gäste zuzubereiten?

6 SYSTEME

„Für mich ist La Cuisine nie ein Problem gewesen – sozusagen ein Kinderspiel von Anfang an. Das Soufflé war meine Specialité, und so stand für mich schon in meiner Jugend fest, später einmal Chefkoch zu werden.

Fantastique

Geht gleich los!

Bedauerlicherweise brachte der Erfolg auch Probleme mit sich, und ich war nicht mehr in der Lage, die begeisterte Nachfrage der Gäste nach Les Soufflés zu befriedigen. Die Zubereitung dauert fast eine Stunde, also musste ich Mitarbeiter einstellen. Aber leider war keiner von ihnen so begabt wie ich. Und so musste ich die Prozedur niederschreiben, auf dass sie genauestens befolgt würde. Nur so konnte ich sichergehen, dass die Soufflés, die in meinem Namen hergestellt wurden, auch die erforderliche Qualität hatten.

In diesem Land hatte ich noch größeren Erfolg, obwohl eure Köche bedauerlicherweise keine Franzosen sind und einige der Zutaten sogar aus Italien stammen. Durch sorgfältig dokumentierte Prozeduren konnten sich diese schwerwiegenden Defizite ausgleichen. Deshalb muss ich nun nicht mehr selbst am Ofen stehen, sondern kann mir die Zeit für dieses Gespräch mit euch nehmen. Ihr dürft einen kurzen Blick auf die Rezeptur werfen. Mehr darf ich euch leider nicht zeigen.

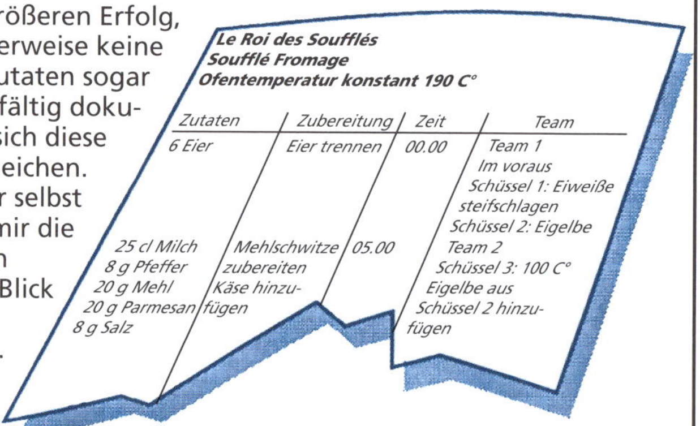

Le Roi des Soufflés
Soufflé Fromage
Ofentemperatur konstant 190 C°

Zutaten	Zubereitung	Zeit	Team
6 Eier	Eier trennen	00.00	Team 1
			Im voraus
			Schüssel 1: Eiweiße steifschlagen
			Schüssel 2: Eigelbe
25 cl Milch	Mehlschwitze	05.00	Team 2
8 g Pfeffer	zubereiten		Schüssel 3: 100 C°
20 g Mehl	Käse hinzu-		Eigelbe aus
20 g Parmesan	fügen		Schüssel 2 hinzu-
8 g Salz			fügen

Verdammt KALT!

Natürlich haben wir im Laufe der Jahre einiges verändert und verbessert. Gaston, ein talentierter Koch in einem meiner Restaurants, fand heraus, dass ein gekühlter Löffel beim Schlagen der Eiweiße dem Soufflé eine größere Stabilität verleiht, also haben wir unseren Prozess modifiziert, um diesem Umstand Rechnung zu tragen. Somit verfügen wir über ein System, das auf der einen Seite narrensicher ist, aber auch flexibel genug, um es im Laufe der Zeit zu verbessern.

Systeme 6

> Es existiert erst, wenn es aufgeschrieben wurde!

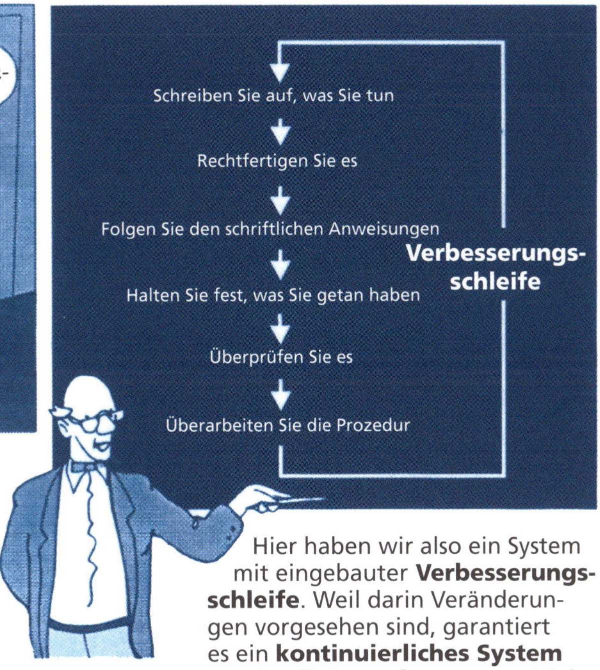

Verbesserungsschleife

Schreiben Sie auf, was Sie tun
↓
Rechtfertigen Sie es
↓
Folgen Sie den schriftlichen Anweisungen
↓
Halten Sie fest, was Sie getan haben
↓
Überprüfen Sie es
↓
Überarbeiten Sie die Prozedur

Mein Rat für jeden, der Soufflés zubereiten möchte, lautet also: Halte die einzelnen Schritte sorgfältig schriftlich fest. Du musst natürlich Verbesserungen zulassen, aber dann muss auch die Dokumentation verändert werden.

Hier haben wir also ein System mit eingebauter **Verbesserungsschleife**. Weil darin Veränderungen vorgesehen sind, garantiert es ein **kontinuierliches System zur Qualitätsverbesserung**. Viele Organisationen haben Systeme entwickelt, die perfekt funktionieren. Die Gefahr liegt darin, sich auf informelle Verbesserungsmethoden zu verlassen – kontinuierliche und kontrollierte Verbesserung ist aber nur möglich, wenn das System und seine Modifikationen ständig dokumentiert, befolgt und überprüft werden.

> Adrian verändert den Ablauf nie, ohne mir vorher etwas zu sagen!

Doch auch bestens dokumentierte Qualitätssysteme können nicht funktionieren, wenn sie ignoriert werden. Dies tritt ein, wenn das niedergelegte System nicht aus den tatsächlichen Abläufen entwickelt wird, oder wenn die mit den Prozeduren betrauten Mitarbeiter nicht ausreichend miteinbezogen werden.

> Die Tür ist immer wieder zugefallen. So haben wir schließlich doch noch eine Verwendung für die System-Direktive gefunden.

Die Verschriftlichung Ihrer Systeme ist kein Ersatz für ihre Anwendung.

6 SYSTEME

Wohldokumentierte Systeme, die in der gesamten Organisation Anwendung finden, sind ein wesentlicher Bestandteil der Qualitätsverbesserung.

Um Kontinuität zu gewährleisten, müssen Sie die Herstellungsmethode des Soufflés überprüfen, nicht das Soufflé selbst!

Sie dokumentieren ein System, indem Sie den Prozess beobachten...

... und jeden Schritt überprüfen. Sie notieren die in den Prozess eingehenden Bestandteile – Zeit, Arbeitsteilung, technische Spezifikationen usw. – und erhalten schließlich eine Beschreibung dessen, wie das Gesamtergebnis erzielt wurde.

"Klick"

DAS soll ich tun?

Das funktioniert nie.

Es FUNKTIONIERT BEREITS.

Ein Meisterwerk.

Das hier würde ich anders machen.

Anschließend wird das System einer eingehenden Untersuchung durch diejenigen Mitarbeiter unterzogen, die für den Prozess verantwortlich sind. Falls notwendig, kann das System dann überarbeitet werden.

Systeme 6

Das System muss in der Praxis erprobt und in geeignetem Umfang verbessert werden – die beschlossenen Veränderungen werden unverzüglich niedergeschrieben.
An der Aufgabe, ein System zu dokumentieren, sollten alle Mitarbeiter beteiligt werden, die in irgendeiner Form Verantwortung dafür tragen.

Ich bin noch nicht ganz überzeugt.

Folgendes kann als nützliche Richtlinie für den Ablauf jedes Prozesses dienen, gleichzeitig zeigt es die Notwendigkeit, dass Prozesse mit Hilfe von Systemen kontrolliert werden:

Ein Erfolgsrezept!

- Kein Prozess ohne DATENERFASSUNG
- Keine Datenerfassung ohne ANALYSE
- Keine Analyse ohne ENTSCHEIDUNGEN
- Keine Entscheidungen ohne MASSNAHMEN*

*was auch bedeuten kann, nichts zu tun

Mache zuerst dies, DANN dies, DANN dies, DANN dies

Ja, also, wir sind die Kunden Ihrer Kunden und wollten mal nachsehen, ob Sie Ihre Arbeit ordentlich machen.

Im wesentlichen besteht ein SYSTEM also aus einer Reihe von Checklisten, die zur erfolgreichen Bereitstellung von Produkten oder Dienstleistungen mit gleichbleibender Qualität und Verlässlichkeit beitragen sollen. Eine Vereinbarung über Systemstandards in den unterschiedlichsten Branchen wurde von der International Standards Organisation getroffen und mit der Sammelnummer ISO 9000 belegt. Systemspezifikationen in dieser Auflistung von Standards haben fortlaufende Nummern – ISO 9001, ISO 9002 und ISO 9003.

Damit das Qualitätssystem eines Unternehmens den Anforderungen der Kunden vollkommen entspricht, muss es sich zahlreichen Kontrollen durch Unabhängige unterziehen. Das Zertifikat über die Erfüllung der ISO 9000er Kriterien bescheinigt dem Unternehmen, dass es statt durch seine Kunden regelmäßig von unabhängigen Experten kontrolliert wird. Das Unternehmen wird so zu einer „eingetragenen Organisation mit geprüften Fähigkeiten".

Organisationen, die sich an vereinbarten Standards orientieren, genießen das Vertrauen ihrer Kunden und potentiellen Kunden.

6 SYSTEME

> Nein danke, Chef – wenn ich noch mehr einnehme, überschreite ich meine Leistungsspezifikation.

Es kursieren immer noch falsche Vorstellungen über die Beschränkungen, denen man sich durch ein System wie die ISO 9000er Serie unterwirft – manche Leute glauben, dass dadurch der Umfang der Geschäftstätigkeit eingeschränkt würde, oder, dass das System Fehler stillschweigend duldet, da die Firmen, die sich um eine Eintragung bewerben, ihre eigenen Standards spezifizieren können.

> Natürlich bekommen Sie eine Garantie – die Garantie, dass es in zwei Wochen auseinanderfällt!

Beides stimmt nicht. Es gibt keine Leistungsbeschränkungen, und die Organisation muss, um registriert zu bleiben, die Anforderungen der Kunden erfüllen. Während die ISO 9000er Standardisierung dabei hilft, die Qualität der Waren/Dienstleistungen von Lieferanten für Kunden auf einem gleichbleibend hohen Niveau zu halten, sind menschliche Beziehungen und Teamwork nicht Gegenstand der direkten Kontrolle. Wirklich umfassende Organisationsbewertungen werden im Rahmen von Modellen wie dem Baldridge Award in den USA oder dem European Quality Award vorgenommen, mit denen hervorragende Unternehmensleistungen ausgezeichnet werden. Dem European Award z. B. liegt die Vorstellung zugrunde, dass Kunden- und Mitarbeiterzufriedenheit, Einfluss auf die Gesellschaft und gute Geschäftsergebnisse durch effektiven Führungsstil, ausgebildete Mitarbeiter, Ressourcen- und Prozessmanagement erreicht werden können. Diese Beziehungen und die Gewichtung während des Bewertungsverfahrens sind im Diagramm unten dargestellt. Die Betonung liegt dabei auf der mitarbeiterorientierten Philosophie des Systems.

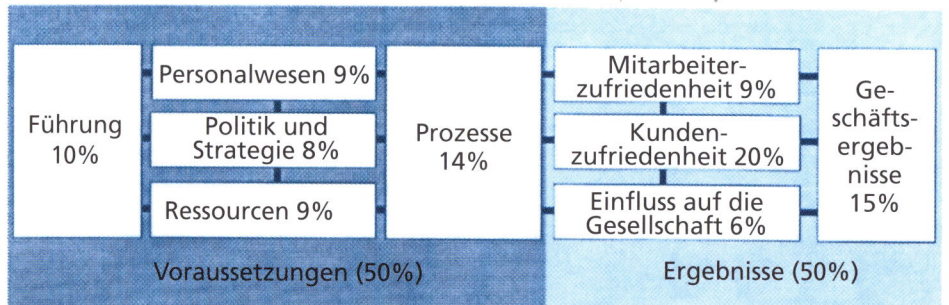

Führung 10%	Personalwesen 9%	Prozesse 14%	Mitarbeiterzufriedenheit 9%	Geschäftsergebnisse 15%
	Politik und Strategie 8%		Kundenzufriedenheit 20%	
	Ressourcen 9%		Einfluss auf die Gesellschaft 6%	
Voraussetzungen (50%)			Ergebnisse (50%)	

Viele Manager wissen um den Bedarf nach einer rationalen Bewertungsgrundlage für Qualitätsmanagement – sie suchen nach Antworten auf Fragen wie „Wo befinden wir uns gegenwärtig?", „Wo sollten wir uns befinden?" und „Wie gelangen wir dorthin?"
Die Antworten müssen aus der Sichtweise der **Mitarbeiter**, der **Kunden** und der **Lieferanten** abgeleitet werden. Durch interne oder **Selbstbeurteilung** kann sich eine Organisation die unerlässlichen Informationen darüber beschaffen, wie weit sie auf dem Weg zu ihren Zielen bereits gekommen ist.

> Ohne Zweifel sind die wichtigsten Zutaten für meine Soufflés die Menschen!

ZUSAMMENFASSUNG 6

DAUERHAFTE KUNDENZUFRIEDENHEIT ...

Ein dokumentiertes Qualitätssystem, das von jedem befolgt wird, hilft, die Kundenzufriedenheit zu gewährleisten.

... NICHT OHNE PROZESSOPTIMIERUNG

Prozessverbesserungen sollten Veränderungen der Verfahren und der Dokumentation nach sich ziehen.

DAS QUALITÄTSSYSTEM PRÄZISE DOKUMENTIEREN

Die Richtlinien für ein Qualitätssystem lauten:

1. Schreiben Sie auf, was sie tun
2. Sorgen Sie dafür, dass das, was Sie tun, hohen Standards entspricht
3. Folgen Sie den schriftlichen Anweisungen
4. Halten Sie fest, was Sie getan haben
5. Überprüfen Sie es
6. Überarbeiten Sie die Pläne
7. Ergreifen Sie die notwendigen korrektiven Maßnahmen, um kontinuierliche Verbesserungen zu erzielen

TATSACHEN DOKUMENTIEREN, KEINE ABSICHTEN

Das dokumentierte System muss aus den tatsächlichen Vorgängen heraus entwickelt werden und unter Einbeziehung der für den Prozess verantwortlichen Mitarbeiter.

Wichtig für den reibungslosen Ablauf eines Prozesses:

1. kein Prozess ohne Datenerfassung
2. keine Datenerfassung ohne Analyse
3. keine Analyse ohne Entscheidungen
4. keine Entscheidungen ohne Maßnahmen
   (was auch bedeuten kann, nichts zu tun)

6 ZUSAMMENFASSUNG

QUALITÄTSSTANDARD ISO 9000

Die ISO 9000er Standardisierung von Qualitätssystemen bildet die Grundlage der Zertifizierung durch unabhängige Dritte.

Weder wirkt sich die Einhaltung von ISO 9000 Standards leistungsbeschränkend aus, noch werden dadurch mangelhafte Produkte toleriert – die Anforderungen der Kunden sollten demonstrativ erfüllt werden.

BESSER ALS ISO 9000

Umfassender als durch ISO 9000 lassen sich herausragende Unternehmensleistungen bewerten, wenn man sich an Modellen wie dem US-amerikanischen Baldridge Award oder dem European Award orientiert.

SELBSTKRITIK – EIN WESENTLICHER SCHRITT ZU MEHR QUALITÄT

Eine an einem der Qualitätsauszeichnungsmodelle orientierte Selbsteinschätzung kann qualifizierte Antworten auf Fragen liefern wie:
1. Wo befinden wir uns gegenwärtig?
2. Wo sollten wir uns befinden?
3. Wie gelangen wir dorthin?

Werkzeuge zur Durchsetzung des TQM   7

Datenaufzeichnung

Prozessablaufdiagramme

Strichlisten

Histogramme

Streudiagramme

Pareto-Analyse

Analyse von Ursache und Wirkung/Brainstorming

Kausalanalyse

Wertungstabelle

Kontrolldiagramme

Anwendung

Zusammenfassung

7 WERKZEUGE

Damit die Outputs kundengerecht werden, müssen die Inputs definiert und kontrolliert werden.

Ich habe oft das Gefühl, dass alle Organisationen von der Welt des Sports eine Menge lernen könnten.

Glücklicherweise kümmert sich niemand um die Qualität meiner Produkte oder Dienstleistungen. Nicht mal ich.

Ich spreche nicht von der erholungswirksamen Seite des Sports – ganz im Gegenteil.
Mir geht es um die Disziplin und Genauigkeit des professionellen Sports. Sehen wir doch einmal diesem 100m-Läufer beim Training zu.

Auf die Plätze ... fertig ...

Peng!

klick

klick klick

Seine Zeiten werden mit äußerster Präzision von seinem Trainer festgehalten.

Sie benutzen eine Bewertungsgrundlage – in diesem Fall die mit der Stoppuhr festgehaltenen Zeiten –, um die Leistung des Läufers zu verbessern. Wir werden entdecken, dass eine solche Datenaufzeichnung auch in anderen Organisationen dazu beitragen kann, Ineffizienzen aufzuspüren und die Rentabilität zu erhöhen, wie im Fall der Teebeutelfabrik auf der rechten Seite.
Doch lassen Sie uns zunächst einen Blick auf die Werkzeuge werfen, die uns zur Informationsbeschaffung zur Verfügung stehen.

WERKZEUGE 7

Bei der Verbesserung von Prozessen kommt der Informationsbeschaffung eine hohe Bedeutung zu.

Hier sind einige Basisinstrumente zur Beschaffung und Interpretation von Daten – und die Fragen, die sie beantworten.

1. WAS WIRD GETAN?

Prozessablaufdiagramm

Der Einsatz dieses Werkzeugs sorgt dafür, dass die Inputs und der Ablauf des der Geschäftsaktivität zugrundeliegenden Prozesses verstanden werden.
Prozessablaufdiagramme veranschaulichen, wie komplex auch die einfachsten Operationen sein können. Durch ihren Einsatz können einzelne Mitarbeiter eine klare und von anderen geteilte Vorstellung des Prozesses bekommen. Auch für die einfachste Aufgabe kann niemand ein Prozessablaufdiagramm erstellen, ohne die Hilfe anderer in Anspruch zu nehmen. Es ist also optimal zur Teambildung.

2. WIE HÄUFIG WIRD ES GETAN?

Strichlisten

Mit Hilfe von Strichlisten können Daten direkt beschafft und festgehalten werden. Sie stellen für die meisten Prozessüberprüfungen einen logischen Ausgangspunkt dar. Diese Form der Informationsbeschaffung ist durchaus effektiv und kann die Entscheidungsfindung unterstützen. Nur zu ermitteln, wie häufig Leute an einem bestimmten Ort auf einer Bananenschale ausrutschen, ist für sich genommen von geringem Wert, hält man aber fest, wie oft das Ereignis an verschiedenen Orten eintritt, können aus den Aufzeichnungen möglicherweise nützliche Erkenntnisse gewonnen werden.

Berücksichtigen Sie folgende vier Punkte:
- Vereinbaren Sie ein zu beobachtendes Ereignis.
- Legen Sie den zeitlichen Rahmen fest – wie oft und wie lange.
- Gestalten Sie die Liste einfach und leserlich.
- Planen Sie genügend Zeit ein, um die Aufzeichnungen zu vervollständigen und die Analyse zu präsentieren.

3. WIE VARIIEREN DIE INFORMATIONEN?

Histogramme

Mit Hilfe von Histogrammen lassen sich die Zahlen aus den Strichlisten interpretieren und die Häufigkeiten eines Ereignisses oder einer Ereignismenge veranschaulichen. So erkennt man sofort Tendenzen innerhalb nummerischer Informationen.

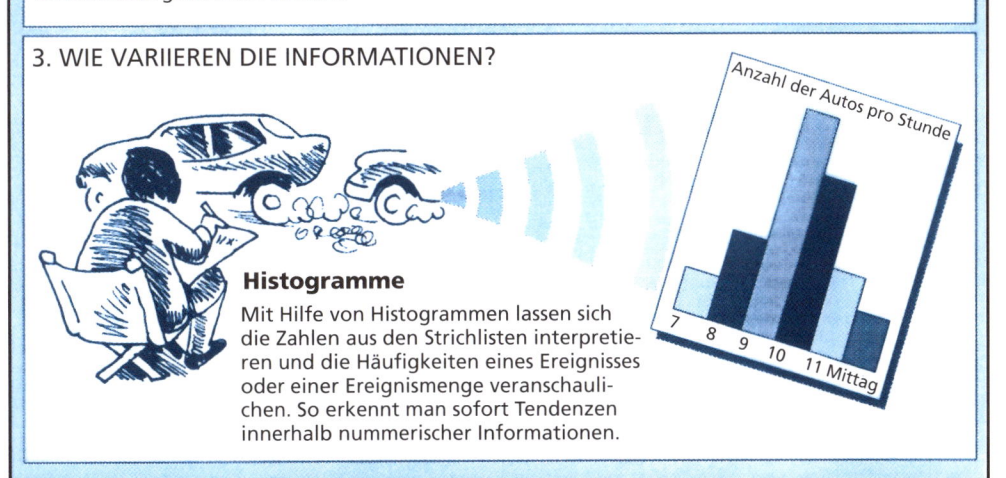

81

7 WERKZEUGE

4. WELCHE BEZIEHUNG BESTEHT ZWISCHEN DEN FAKTOREN?

Streudiagramme

Häufig ist es nützlich, mehrere Datenreihen zu vergleichen, um Beziehungen zwischen Faktoren oder Parametern zu erkennen. Beispielsweise könnte man eine Beziehung zwischen der Höhe eines Soufflés und der Ofentemperatur in einem bestimmten Zeitraum vermuten. Der Vergleich der Daten über die Soufflédimensionen (y-Achse) und über die Ofentemperatur (x-Achse) ergäbe möglicherweise das rechts abgebildete Muster und könnte so Aufschluss über die optimale Erfolgstemperatur geben.

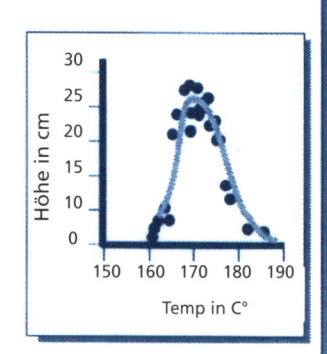

5. WIE WERDEN DIE DATEN DARGESTELLT?

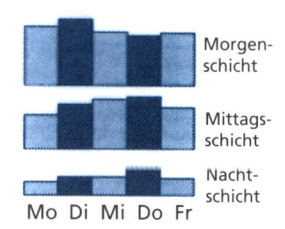

Schichtung

Gesamtergebnisse, die beispielsweise in einem einzigen Diagramm oder Histogramm dargestellt werden, können signifikante Unterschiede verbergen. Schichtung, also die Zusammenfassung aller Daten in Gruppen, kann Schwächen oder Abweichungen sichtbar werden lassen. Zum Beispiel machen die Gesamtproduktionszahlen dieser Firma einen zufriedenstellenden Eindruck, betrachtet man aber die drei einzelnen Schichten, stellt sich die Situation anders dar.

6. WELCHES SIND DIE SCHWERWIEGENDEN PROBLEME?

Pareto-Analyse

Können die Ursachen einer Störung identifiziert und aufgezeichnet werden, lässt sich jeder einzelnen Fehlerquelle zuordnen, wieviel Prozent aller Störungen sie verursacht. Das Ergebnis wird wahrscheinlich sein, dass etwa 80% aller Fehler, Störungen und Ausfälle durch etwa 20% aller Ursachen bedingt sind.
Der Name Pareto-Analyse stammt von einem italienischen Volkswirtschaftler, der herausgefunden hat, dass 10% der Bevölkerung im Besitz von 80 – 90% des italienischen Vermögens waren. Paretos Gesetz gilt ebenfalls im Bereich des Marketings (20% der Kunden erbringen 80% der Umsätze).

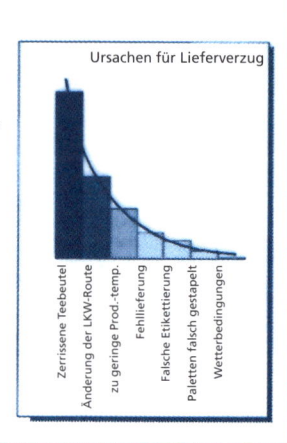

Bis hierhin ist mit dem Fließband alles in Ordnung

WERKZEUGE 7

7. WODURCH WERDEN DIE PROBLEME VERURSACHT?

Ursache-Wirkung-Analyse und Brainstorming

Mit Hilfe eines **Ursache-Wirkung-Diagramms** lassen sich die Inputs darstellen, die die Qualität beeinflussen. Mögliche Ursachen werden beschrifteten Linien zugeordnet, die in dem Hauptpfeil zusammenlaufen, der die Wirkung abbildet. Jede Linie kann verästelt sein, wenn sich durch die Analyse der wichtigsten Faktoren oder Ursachen eine Unterteilung in weitere Subfaktoren oder Sub-Subfaktoren ergibt.

Dieser Prozess der Analyse und Kategorisierung wird **Brainstorming** genannt. Mit dieser Technik lässt sich rasch eine Fülle von Ideen sammeln. Jedes Mitglied einer Gruppe wird aufgefordert, all seine Ideen zu einem bestimmten Problem, wie wild auch immer, vorzubringen. Die Absicht ist, unvoreingenommenes Denken zu fördern. Alle Ideen werden aufgezeichnet und später analysiert. Daran schließt sich die Identifikation der vielversprechendsten Ideen mit Hilfe der Pareto-Analyse an.

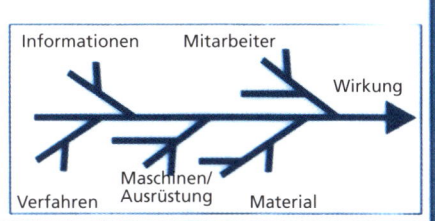

8. WAS BEGÜNSTIGT ODER HEMMT VERÄNDERUNGEN?

Kräfteanalyse

Durch Einsatz der Kräfteanalyse lassen sich sowohl die Kräfte identifizieren, die die notwendigen Veränderungen begünstigen, als auch diejenigen, die sie hemmen oder verhindern wollen.

Ein Team beschreibt die Veränderungen und schlägt eine mögliche Lösung vor.

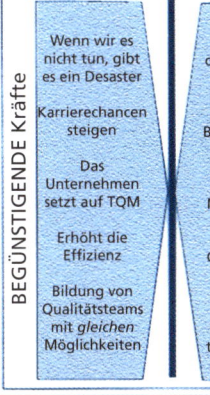

BEGÜNSTIGENDE Kräfte:
- Wenn wir es nicht tun, gibt es ein Desaster
- Karrierechancen steigen
- Das Unternehmen setzt auf TQM
- Erhöht die Effizienz
- Bildung von Qualitätsteams mit *gleichen* Möglichkeiten

HEMMENDE Kräfte:
- Einiges wird ohnehin schon umgesetzt
- Wird es Beförderungen geben?
- Bestehende Managementstruktur
- Gegenwärtige Bewertungsverfahren
- Ungleich verteilte Chancen

Nachdem es ein Diagrammgerüst der Kräfte erstellt hat, identifiziert das Team durch Brainstorming die begünstigenden (positiven, antreibenden) und die hemmenden (negativen, restriktiven) Kräfte.

Diese werden in das Diagramm eingetragen (DAFÜR und DAGEGEN) und anschließend hinsichtlich ihres möglichen Einflusses auf die Umsetzung von Veränderungen bewertet. Dann stellt das Team einen Maßnahmenkatalog auf, um positive Kräfte zu stärken und negative zu schwächen.

9. WELCHE FAKTOREN SIND ENTSCHEIDEND?

Die Wertungstabelle

Mit Hilfe einer solchen Tabelle kann eine Anzahl von Faktoren nach ihrer Bedeutung geordnet werden. Die Faktoren lassen sich nicht einfach anhand ihrer Kostenintensität oder Häufigkeit bewerten. Jeder Faktor wird mit jedem der anderen verglichen und der jeweils wichtigere der beiden mit einem Ring versehen. Der Faktor, der die meisten Ringe erhält, ist der wichtigste aller betrachteten Faktoren.

Betrachtet man beispielsweise verschiedene Merkmale eines Autos und stellt einen Vergleich zwischen vieren davon an, sähe die Tabelle so aus.

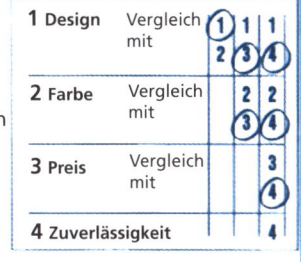

Hier hat Zuverlässigkeit (4) 3 Ringe erhalten, ist also der wichtigste Faktor; der Preis (3) ist der zweitwichtigste – 2 Ringe, es folgt das Design – 1 Ring. Die Farbe spielt die geringste Rolle.

7 WERKZEUGE

10. WELCHE ABWEICHUNGEN SIND ZU KONTROLLIEREN – UND WIE?

Kontrolldiagramme

Mit diesen Diagrammen lassen sich Abweichungen oder Überschreitungen der Toleranz im Verlauf eines Prozesses darstellen. Sie beruhen auf Stichproben in zufälligen Intervallen. Die am häufigsten verwendeten Kontrolldiagramme sind **Verlaufsdiagramme**, in denen die Daten in Abhängigkeit von Zeit oder Probenanzahl abgebildet werden.

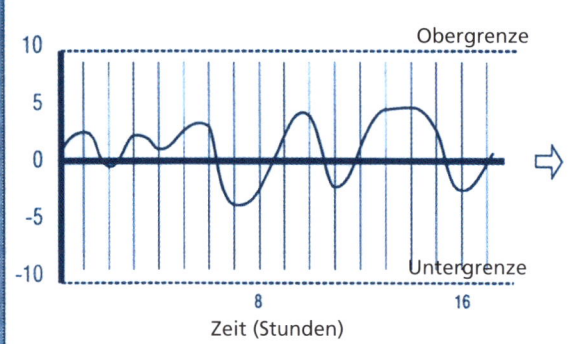

Mengenabweichung eines Bestandteils x in einem Gemisch

Beispielsweise kann in einem Verlaufsdiagramm die zulässige Abweichung (hier + oder – 10 Einheiten) auf einer Zeitschiene eingetragen und dann der Prozess beobachtet werden. ⇨ Solange die den Prozess abbildende Kurve die zulässige Abweichung nicht unter- oder überschreitet, müssen keine Maßnahmen ergriffen werden, denn dann entspricht das Gemisch den festgelegten Spezifikationen.

Verkehrt aufgesetzte Köpfe – Teddybär-Fließband

In einem Fehlerdiagramm werden die im Laufe eines Prozesses auftretenden Fehler dargestellt. In diesem Fall gibt es natürlich keine „akzeptable" Abweichung. Das Ziel sind null Fehler während des gesamten Zeitraums.

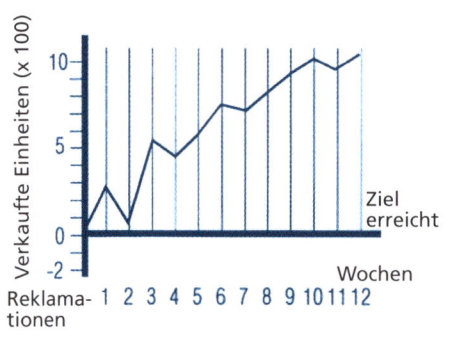

Umsätze Teddybären

In einem CUSUM-Diagramm (Cumulative Sum) wiederum wird bei allen aufeinanderfolgenden Stichproben ein Zielbetrag subtrahiert und der Rest akkumuliert. So lassen sich Trends aufzeigen. Im nebenstehenden Umsatzdiagramm etwa wird der Zielbetrag von jedem kumulierten Ergebnis abgezogen, und schließlich übertreffen die Umsätze die Prognosen. Würden die Umsätze den Vorhersagen für den Zeitraum genau entsprechen, ergäbe sich als Bild eine gerade Linie – die Ziellinie (bei Null).

WERKZEUGE 7

Die Instrumente zur Daten- und Informationserfassung sind wertvolle Waffen im Kampf um größere Effizienz.

Probleme in der Teebeutelfabrik ...

Steffi ist die neue Assistentin des Produktionsleiters. Nach Feierabend zeigt er ihr den Betrieb.

An dieser Maschine werden die Teebeutel befüllt.

Ooh!

Aber es gibt ein Problem. Ihre erste Aufgabe könnte darin bestehen, es zu beheben.

In diesen Trichter werden jede Woche fünf Tonnen Tee eingefüllt ...

... aber nur 4,5 Tonnen kommen in Form fertiger Teebeutel wieder heraus. Die offensichtlichen technischen Verbesserungen haben wir schon alle durchprobiert. Versuchen Sie es mal. Ich werde ein Auge darauf haben, wie Sie vorankommen.

Am nächsten Tag

Meine Damen, sie arbeiten an der Maschine – SIE sind die Expertinnen. Versuchen wir also gemeinsam, das Problem zu lösen. Unser Ziel ist, den Schwund innerhalb von 6 Monaten um 50% zu reduzieren.

Wenn jemand die Maschine kennt, dann wir.

OK, Brainstorming – irgendwelche Ideen? Keine Sorge, wenn sie sich eigenartig anhören.

Die gelieferten Mengen sind nicht exakt.

Der Tee fällt an den Beuteln vorbei.

Verdunstung.

Es gibt gar keine Verluste, das Messsystem funktioniert nur nicht.

7 WERKZEUGE

"Vielleicht sollten wir nach herumliegendem Tee Ausschau halten."

Verfahren   Maschinen   Material

Verschwendeter Tee

Informationen   Mitarbeiter

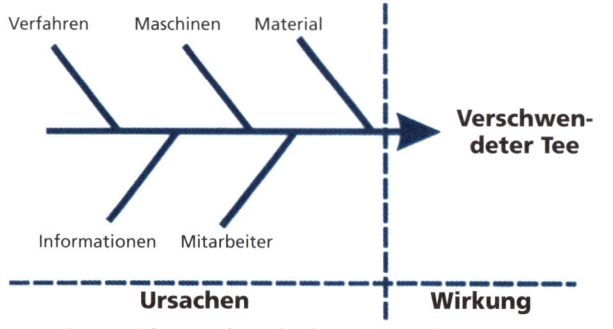

Ursachen | **Wirkung**

Da stimme ich zu. Aber denken Sie auch daran, dass der verschwendete Tee den Effekt darstellt, nicht die Ursache. Die Vorschläge, die Sie beim Brainstorming gemacht haben, können wir den verschiedenen Ursachen zuordnen und in dieses Diagramm eintragen.

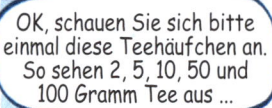

"OK, schauen Sie sich bitte einmal diese Teehäufchen an. So sehen 2, 5, 10, 50 und 100 Gramm Tee aus ..."

"... und während der nächsten zwei Wochen notieren Sie bitte jeden Vorfall, bei dem Tee verlorengeht – egal, was die Ursache ist."

WIE IN DER SCHULE!

"Müssten eigentlich 2 Tonnen sein, Ralf. Sind jetzt 1,92 – soll auch reichen."

"OK Dirk?"

"Oh nein, das reicht ganz und gar nicht!"

... und

plumps *Kritzel* OOPS!

... und

... am Ende der zwei Wochen hatten sie genügend Informationen über verschwendeten Tee gesammelt, dass sie ihre Ergebnisse in einem **Histogramm** zusammenfassen konnten.

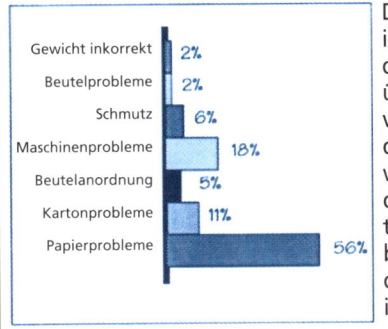

WERKZEUGE 7

Gewicht inkorrekt	2%
Beutelprobleme	2%
Schmutz	6%
Maschinenprobleme	18%
Beutelanordnung	5%
Kartonprobleme	11%
Papierprobleme	56%

Die Frauen an der Abfüllanlage identifizierten 7 Bereiche, in denen Tee verlorenging. Sie überprüften die Prozesskette von dem Augenblick an, in dem der Tee per LKW geliefert wurde, bis zur Einfüllung in den Trichter. Dann kontrollierten sie das Abfüllverfahren und beobachteten die Perforation der entstandenen Beutel und ihre Einsortierung in Kartons.

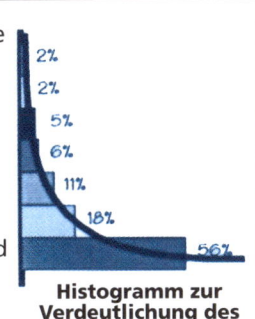

Histogramm zur Verdeutlichung des Pareto-Effektes

2%, 2%, 5%, 6%, 11%, 18%, 56%

Der größte Verlust wurde durch Probleme verursacht, die dann auftraten, wenn eine der Papierrollen leer war und ausgewechselt werden musste. Beachten Sie, wie sich die Proportionen der Probleme nach dem Gesetz von Pareto verteilen – in diesem Fall gingen 74% des verschwendeten Tees in 28% der identifizierten Problembereiche verloren.

Der größte Verlust entsteht also beim Auswechseln der Rollen.

Ja, hinterher liegt überall Tee herum.

Das Team kam also zu dem Ergebnis, dass, wenn das Unternehmen größere Rollen bestellen und die Maschinen darauf einstellen würde, weniger häufig ausgewechselt werden müsste und folglich weniger Tee verlorenginge.

Kaum zu glauben, aber wahr, Steffi. Die großen Rollen sind fatsächlich preisgünstiger als die kleinen, sie haben nämlich eine Standardgröße, und wir müssen sie nicht speziell für euch herstellen.

PAPIERROLLEN GMBH

Und hinzu kam noch ...

Auswechseln, Mädels! Passt jetzt besonders mit dem Tee auf!

PIEP!

Die gesteigerte Aufmerksamkeit, die die Maschinenbedienerinnen dem Auswechseln der Rollen widmeten, führte zu größerer Sorgfalt und einer weiteren Reduktion des Verlustes. Der Schwund konnte innerhalb von 6 Monaten um 75% gesenkt werden, mehr, als Steffi sich vorgenommen hatte. Durch den intelligenten Einsatz von Datenerfassungsinstrumenten konnte das Problem identifiziert und eine Lösung entwickelt werden.

Das Papierproblem wäre gelöst. Jetzt geht es an die Maschinenprobleme!

Kann ein Prozess erst einmal statistisch kontrolliert werden, lassen sich Qualitätsabweichungen regulieren und verringern.

7 ZUSAMMENFASSUNG

KUNDENWÜNSCHE DOKUMENTIEREN

Die Inputs müssen definiert, beobachtet und kontrolliert werden, damit die Outputs den Anforderungen der Kunden entsprechen.

EFFEKTIVITÄT UND RENTABILITÄT STEIGERN

Mit Hilfe aufgezeichneter Daten können Organisationen Ineffizienzen aufspüren und die Rentabilität erhöhen. Folgende Instrumente unterstützen diesen Prozess

Prozessablaufdiagramme veranschaulichen, was getan wird.

Strichlisten ergänzen die Datenerfassung darüber, wie häufig etwas getan wird.

An der Präsentation der Daten in *Histogrammen* lassen sich Gesamtabweichungen ablesen.

Streudiagramme verdeutlichen die Beziehungen zwischen Faktoren.

Die *Pareto-Analyse* erlaubt die Identifikation der schwerwiegenden Probleme (typischerweise werden 80% der Probleme durch 20% der Ursachen hervorgerufen).

ZUSAMMENFASSUNG 7

Mit Hilfe von *Ursache-Wirkung-Analyse* und *Brainstorming* lassen sich die Ursachen von Problemen in einem „Fischgräten"-Diagramm darstellen.

Die *Kräfteanalyse* wird eingesetzt, um herauszufinden, was eine Lösung oder Veränderung hemmt oder begünstigt.

Die *Wertungstabelle* ist eine einfache Methode, um die wichtigsten Faktoren zu bestimmen.

Kontrolldiagramme sind von fundamentaler Bedeutung, wenn herausgefunden werden soll, welche Abweichungen kontrolliert werden müssen und wie.

Anmerkungen:

TEAMWORK   8

Stellenwert des Erfolgs

Individuelles und organisatorisches Wachstum

Strategie, Struktur und Umsetzung

Maslows Bedürfnishierarchie

Adairs aktionszentriertes Führungsmodell

Das Kontinuum von Tannenbaum & Schmidt

Blanchards Situatives Führungsmodell

Teamentwicklung nach Tuckman

Myers-Briggs Type Indicator (MBTI) und seine Anwendung

Zusammenfassung

8 TEAMWORK

TEAMWORK 8

F Welchen Wert hat Teamwork für die Organisation?

A Die einzige effiziente Methode zur Verbesserung von Prozessen und zur Lösung komplexer Probleme ist Teamwork. Nur so können sich einzelne und Organisationen weiterentwickeln.

Was hat Teamwork mit Qualitätsmanagement zu tun?

Mitarbeiter werden kontinuierliche Verbesserungen nur dann umsetzen, wenn die Verantwortungsbereitschaft der Unternehmensleitung, ein „Klima der Qualität" und ein effektiver Mechanismus zur Einbeziehung von Einzelleistungen gewährleistet sind.

Welche Voraussetzungen müssen erfüllt sein, damit es funktioniert?

Teamwork zur Qualitätsverbesserung muss strategieorientiert sein, braucht eine Struktur und bedarf wohlüberlegter und effektiver Umsetzung.

Durch Teamwork kann jeder in der Organisation seinen Beitrag zum Veränderungsprozess leisten.

Am Teddybär-Fließband ...

... gibt es ein Team von Mitarbeitern, die bereits seit einiger Zeit zusammenarbeiten.

Sie alle sind mit dem Zusammenbau der Teddybären beschäftigt, die Aufgabe des Letzten am Fließband besteht jedoch darin ...

8 TEAMWORK

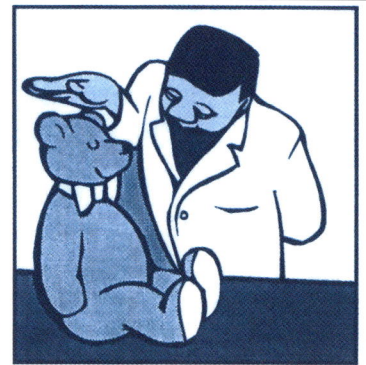

... die zusammengebauten Bären zu kontrollieren. Doch das ist nicht alles.

Sobald ein Mitglied des Teams einen Fehler entdeckt ...

... gibt er Alarm ...

..., das Fließband wird sofort gestoppt und die Ursache des Stillstands vom ganzen Team begutachtet. Das Team analysiert den Stillstand, behebt, wenn möglich, den Fehler, versieht das fehlerhafte Teil mit einem Vermerk, und das Fließband läuft wieder an. Währenddessen hat das Teammitglied, das für die Kontrolle der Endprodukte zuständig ist, eine andere Aufgabe.

Dabei bedient es sich einer einfachen Säulenkonstruktion aus durchsichtigen Plastikröhren, in die es weiße Bälle wirft. Jede Säule repräsentiert eine Prozessstufe oder Fehlerquelle. An dieser Konstruktion lassen sich unmittelbar die Hauptquellen von Fehlern oder Prozessproblemen ablesen.
Wenn der Kontrolleur aus irgendeinem Grund den Defekt übersieht, markiert der am Fließband nachgeordnete Arbeiter dieses Teil mit einem roten Schildchen, und ein roter Ball wird in die ihm zugeordnete Säule geworfen. Anschließend muss der Prozess eingehend untersucht werden.

Die Aufgaben der Teammitglieder rotieren. Das heißt, dass die Inspektion jeden Tag einem anderen Mitglied zufällt. So wird die Verantwortung für das Funktionieren des Systems auf alle Mitglieder des Teams gleichmäßig verteilt.

Erfolgreiches Teamwork ist nur in einem Klima ohne gegenseitige Schuldzuweisungen möglich. Jedes Mitglied trägt die Verantwortung für Verbesserungen in seinem Aufgabenbereich.

TEAMWORK 8

Allerdings, ebensosehr wie Organisationen Teams brauchen und Teams Individuen, haben die meisten Menschen das Bedürfnis, zu einer Gruppe zu gehören.

Maslow, ein Sozialpsychologe, hat herausgefunden, dass die Bedürfnisse der Menschen von der Situation abhängen, in der sie sich befinden ...

Auf der untersten Ebene der Maslowschen Bedürfnishierarchie steht der reine Überlebenswille – der physiologische Drang, Hunger, Durst und Schlafbedürfnis zu befriedigen.

Auf der nächsten erwacht das Bedürfnis, sich sicher und ungefährdet zu fühlen.

Wenn Menschen sich nicht mehr vor Hunger und Obdachlosigkeit fürchten müssen, entsteht in ihnen ein Bedürfnis nach Akzeptanz durch andere Menschen, nach Liebe, Freundschaft und Gruppenzugehörigkeit.

... und wenn die Zugehörigkeit zu einer Gruppe etabliert ist, brauchen sie deren Anerkennung und die Steigerung ihres Selbstwertgefühls.

Auf der höchsten Stufe steht das Bedürfnis nach Selbstverwirklichung und Erreichen der persönlichen Ziele.

8 TEAMWORK

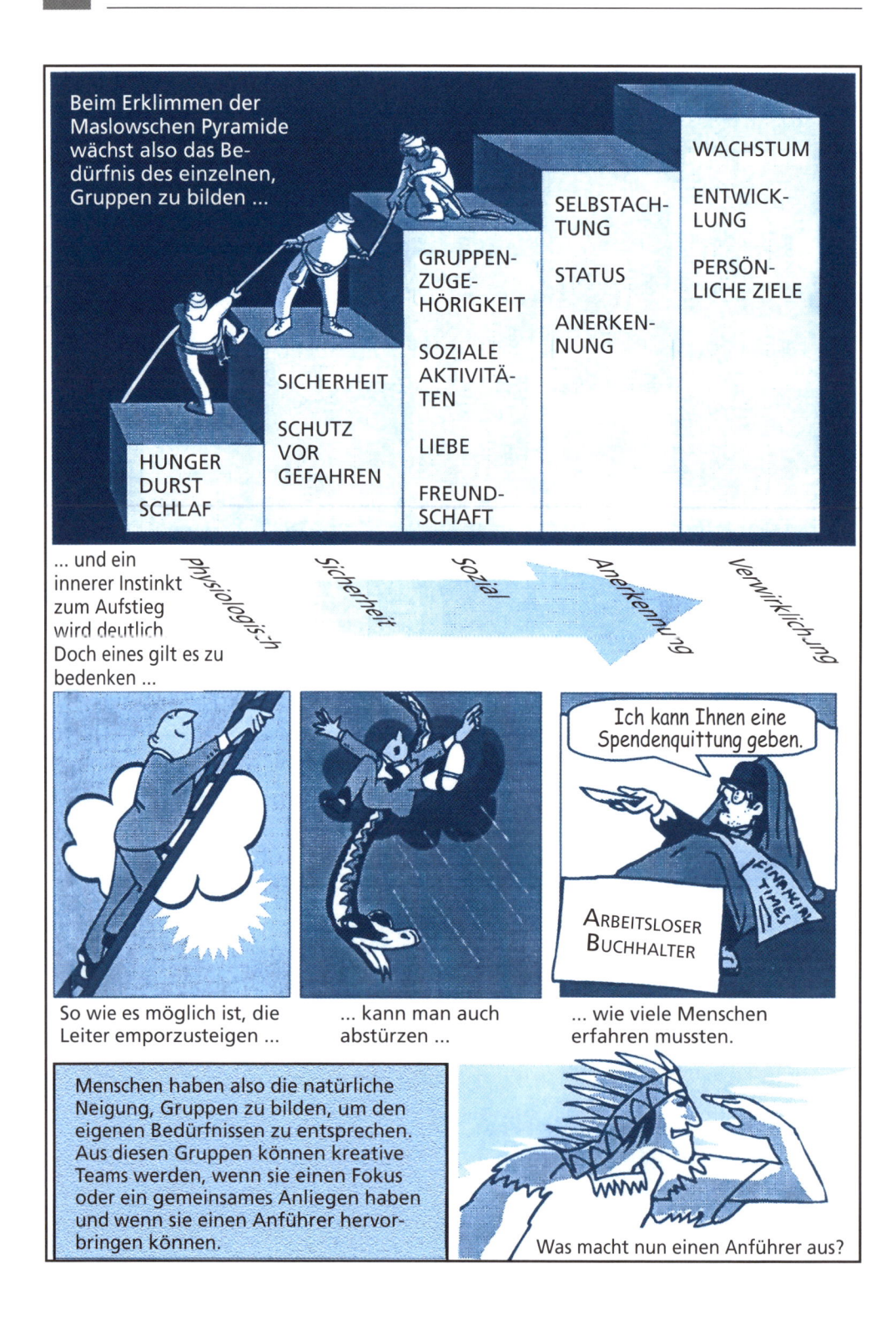

Beim Erklimmen der Maslowschen Pyramide wächst also das Bedürfnis des einzelnen, Gruppen zu bilden ...

| HUNGER DURST SCHLAF | SICHERHEIT SCHUTZ VOR GEFAHREN | GRUPPEN-ZUGE-HÖRIGKEIT SOZIALE AKTIVITÄTEN LIEBE FREUNDSCHAFT | SELBSTACHTUNG STATUS ANERKENNUNG | WACHSTUM ENTWICKLUNG PERSÖNLICHE ZIELE |

physiologisch → Sicherheit → Sozial → Anerkennung → Verwirklichung

... und ein innerer Instinkt zum Aufstieg wird deutlich. Doch eines gilt es zu bedenken ...

So wie es möglich ist, die Leiter emporzusteigen ...

... kann man auch abstürzen ...

Ich kann Ihnen eine Spendenquittung geben.

ARBEITSLOSER BUCHHALTER

... wie viele Menschen erfahren mussten.

Menschen haben also die natürliche Neigung, Gruppen zu bilden, um den eigenen Bedürfnissen zu entsprechen. Aus diesen Gruppen können kreative Teams werden, wenn sie einen Fokus oder ein gemeinsames Anliegen haben und wenn sie einen Anführer hervorbringen können.

Was macht nun einen Anführer aus?

TEAMWORK 8

In einem Unternehmen wollte einst die Betriebssportgruppe ihren altersschwachen Pavillon ersetzen. Das Management erklärte sich bereit, sie durch die Finanzierung des Materials zu unterstützen. Den Bau wollten die Betriebssportler selbst übernehmen.

Das Hauptgebäude und der alte Pavillon (Pfeil)

Die Präsidentin des Sportclubs, Ramona Winkler, sollte die Leitung des Projekts übernehmen.

Großartig! Ich habe eine Unmenge von Ideen!

Freiwillige für das Vorhaben gewann Ramona durch eine Mitteilung am Schwarzen Brett.

Schwarzes Brett
Gesucht Freiwilli...

Bald schon fand sie vier hilfsbereite Mitglieder. Doch von Anfang an betrachtete sich Ramona als Boss ...

Thomas, Du kannst die Anrufe wegen des Materials erledigen, und Du, Anja, ...

Hey!

... und die Reaktion ließ nicht auf sich warten.

Du bist nicht die Einzige mit Ideen! Außerdem, wenn irgend jemand die Telefonate erledigt, dann ich – ich leite den Einkauf!

... und so wurde Ramona in der ersten halben Stunde des Projekts mit Rebellion konfrontiert. Was war falsch gelaufen?

Der Guru hilft Ramona ...

8 TEAMWORK

Wenn er nicht behutsam unternommen wird, kann jeder Versuch, ein Team zu bilden, traurig enden, und zwar nicht nur für die Anführerin.
Im Umgang mit Teamwork muss berücksichtigt werden, dass dabei drei Bedürfnisse eine Rolle spielen, die ALLE zu befriedigen sind.

DIE DREI ELEMENTE DES TEAMWORKS

Aufgabenansprüche
Damit ein Team erfolgreich sein kann, muss es ein gemeinsames Ziel haben, d. h. eine von allen akzeptierte Aufgabe.

Teamansprüche
Damit ein Team erfolgreich sein kann, müssen alle Mitglieder an einem Strang ziehen und sich über Methoden und Mittel einig sein.

Individualansprüche
Damit ein Team erfolgreich sein kann, müssen die einzelnen Mitglieder wissen – und damit zufrieden sein – welchen Beitrag sie leisten sollen.

DIE FUNKTIONEN EINES ANFÜHRERS

Die Verantwortung des Teamleiters erstreckt sich – nach J. Adair – auf alle drei Bereiche; er muss sie koordinieren. Die Hauptaufgabe des Teamleiters liegt also in der Schnittmenge der drei Elemente des Teamworks.

Die Funktionen innerhalb der Bereiche sind:

Aufgaben: Definition, Entwurf eines Planes, Einteilung der Arbeit und der Ressourcen, Kontrolle der Arbeitsqualität, Plankorrektur

Team: Vorgabe der Standards, Aufrechterhaltung der Disziplin, Förderung des Teamgefühls, Unterstützung und Motivation, Gewährleistung der Kommunikation innerhalb des Teams

Individuum: Hilfe bei persönlichen Problemen, individuelle Anerkennung, Lob und Einsatz individueller Fähigkeiten, Einzeltraining

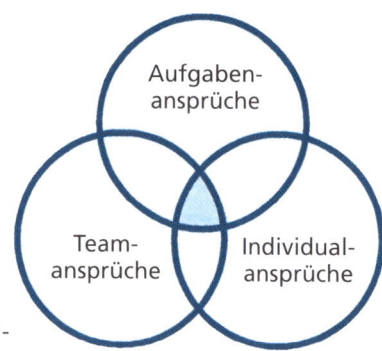

Teamwork

Drei Elemente – drei Checklisten für Führungskräfte

Die folgenden Checklisten sollen Teamleitern dabei helfen, die Fortschritte des Teams einzuschätzen und zu überprüfen, wie erfolgreich die Aufgaben erfüllt werden, ob das Team zusammenhält und sich seine Mitglieder entwickeln können.

Aufgabe

1. Sind die Ziele eindeutig formuliert?
2. Gibt es eindeutige Leistungsstandards?
3. Sind die zur Verfügung stehenden Ressourcen definiert?
4. Sind die Verantwortlichkeiten zugeordnet?
5. Ist die Herangehensweise systematisch?

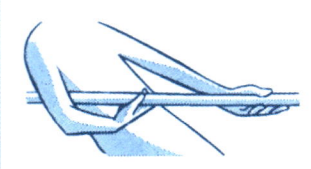

Team

1. Wird das Ziel von allen akzeptiert?
2. Herrscht ein Klima des Wohlwollens?
3. Wird die Bedeutung der Unternehmensziele erfasst?
4. Gibt es ein Wir-Gefühl?
5. Kennt und unterstützt das Team die Vision ihres Leiters?

Individuum

1. Wird jede/r Einzelne vom Leiter/Team akzeptiert?
2. Kann jeder seinen Beitrag leisten?
3. Weiß jeder einzelne, was von ihm in Bezug auf Team und Aufgabe erwartet wird?
4. Fühlt sich jeder einzelne als Mitglied des Teams?
5. Gibt es Hinweise auf individuelle Weiterentwicklung?

8 TEAMWORK

In diesem Fall konnte durch gemeinsame Gespräche eine bessere Beziehung zwischen der Leiterin und dem Team hergestellt werden – und zwischen den einzelnen Teammitgliedern untereinander. Vor allem konnte so VERTRAUEN aufgebaut werden.

VERTRAUEN

ist der Grundpfeiler erfolgreicher Teambeziehungen

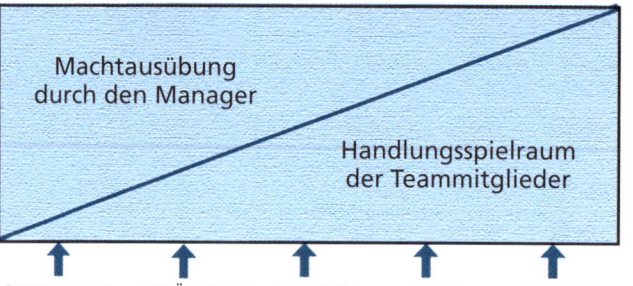

Kontinuum des Führungsverhaltens (nach R. Tannenbaum und W. H. Schmidt)

Machtausübung durch den Manager

Handlungsspielraum der Teammitglieder

Die sich entwickelnde Beziehung zwischen Teamleiter und Gruppe lässt sich in einem solchen Graphen darstellen. Er zeigt, dass sich, je weniger Macht der Manager ausüben muss, der Handlungsspielraum für die Untergebenen vergrößert, und mehr Entscheidungen eigenverantwortlich getroffen werden.

Je näher das Ende der Aufgabe rückt, desto seltener werden sich erfahrene und erfolgreiche Teams mit der Bitte um Orientierungshilfe an ihren Leiter wenden.

ORDNET AN	ERLÄUTERT	ZIEHT ZU RATE	TEILT	DELEGIERT
Trifft Entscheidungen und verkündet sie	Trifft Entscheidungen und erklärt sie	Holt Vorschläge ein und entscheidet dann	Setzt Grenzen und lässt die Gruppe Entscheidungen treffen	Gestattet den Untergebenen, innerhalb definierter Grenzen zu handeln

STUFEN DES FÜHRUNGSVERHALTENS

Zu Beginn des gemeinsamen Teamlebens wird der Anführer klare Anweisungen geben, um die festgelegten Ziele zu erreichen.

Wenn das Team erfahrener und erfolgreich ist, wird der Leiter eine eher anleitende Funktion ausfüllen.

Und dann wird er den Mitgliedern des Teams mehr Eigenverantwortung zugestehen und nur noch gelegentlich Hilfestellung leisten.

Schließlich wird der Leiter nur noch delegieren und kann seine Rolle als Mitglied des Teams einnehmen. Dies ist nur dann möglich, wenn das Team eine Entwicklung durchlaufen hat.

TEAMWORK 8

Wie sich der Führungsstil im Laufe der Entwicklung eines Teams verändert, ist in diesem Diagramm (nach K. Blanchard und P. Hersey) dargestellt. Das unterstützende und anordnende Verhalten der Führungskraft verändert sich kontinuierlich mit zunehmender Dauer der Teamaktivitäten.

Beginnend in der rechten unteren Ecke des Diagramms ist der Führungsstil anfangs in der Regel stark anordnend und wenig unterstützend (S1), entwickelt sich dann über Phasen, in denen er stark unterstützend/stark anordnend (S2) und stark unterstützend/wenig anordnend (S3) ist, zu einem Führungsstil, bei dem die Leiterin oder der Leiter nur wenig unterstützend und anordnend tätig sein muss (S4).

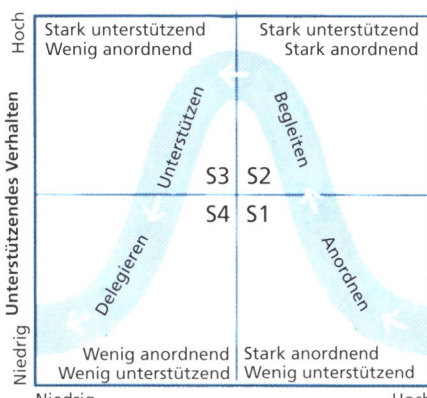

Einige Manager halten es für möglich, ein Team auf Stufe 1 (S1) zusammenzustellen und dann zu erwarten, dass es unverzüglich die vierte Stufe (S4) erreicht, ohne die schmerzlichen Erfahrungen zu machen, die S2 und S3 bereithalten. Dies ist unmöglich.

MISSTRAUEN, AGGRESSION, VERSTÄNDNIS, ZUSAMMENWIRKEN

Vier Entwicklungsstufen eines Teams
(nach B. W. Tuckman und M. A. Jensen)

1 Misstrauen 
- Gefühle werden verborgen
- Mitarbeiter orientieren sich an bekannten Verhaltensmustern
- Werte und Ansichten der anderen werden ignoriert
- Kein gemeinsames Verständnis der Aufgabe

2 Aggression 
- Konfliktbeladene, persönliche Themen kommen zur Sprache
- Teaminterne Angelegenheiten werden wichtiger
- Probleme und Wertvorstellungen anderer Teammitglieder werden bewusster wahrgenommen

3 Verständnis 
- Zuversicht und Vertrauen innerhalb des Teams
- Systematischere Herangehensweise
- Größere Wertschätzung für andere
- Klärung der Ziele
- Alle Optionen werden in Betracht gezogen
- Erstellung detaillierter Pläne
- Kontrolle und Korrektur des Erreichten

4 Zusammenwirken 
- Flexibilität
- Teamführung ergibt sich aus der Situation, nicht aus dem Status
- Energien jedes Mitglieds werden genutzt
- Prinzipien und sozialer Aspekt der organisatorischen Entscheidungen werden berücksichtigt

8 TEAMWORK

DER LEBENSZYKLUS EINES TEAMS

Wird das Team mit einem weiteren Projekt beauftragt, verkürzen sich diese Phasen und das Team wird wahrscheinlich effizienter arbeiten.

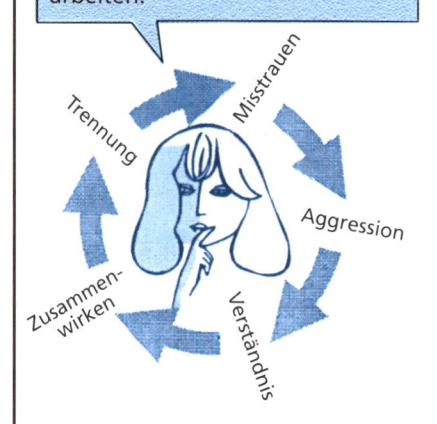

Trennung – Misstrauen – Aggression – Verständnis – Zusammenwirken

Mittlerweile weiß Ramona Winkler von der Entwicklung ihrer Beziehungen zu ihrem Team. Sie kennt die einzelnen Stufen. Danach wird das Team möglicherweise aufgelöst, vielleicht kann es seine Fähigkeiten aber auch einem weiteren Projekt zugute kommen lassen. Während ihrer Zeit als Führungskraft wird sich Ramona mit folgenden Fragen auseinandersetzen müssen:

- Wie wird das Team geführt?
- Wie werden Entscheidungen getroffen?
- Wie werden die Teamressourcen eingesetzt?
- Wie werden die Mitglieder in das Team integriert?

Die Antworten auf diese Fragen sind nicht einfach zu finden und variieren mit der Zusammensetzung des Teams und den Begleitumständen. Wenn die Teamleiterin allerdings erfolgreich sein will, wird sie auf diese grundlegenden Fragen Antworten finden müssen.

MERKMALE EINES ERFOLGREICHEN TEAMS

Keine Gruppe kann effektiv sein, wenn sie nicht weiß, was sie erreichen will. Die Mitarbeiter werden bereitwilliger Verantwortung übernehmen, wenn sie sich mit den Zielen identifizieren. Die Ziele müssen von ihnen selbst vereinbart werden.

Die Teammitglieder sollten ihrer Meinung Ausdruck verleihen können, ohne befürchten zu müssen, sich lächerlich zu machen. Ohne eine wohlwollende Atmosphäre kann sich Kreativität nicht entfalten.

Offenheit schafft Vertrauen – die unerlässliche Voraussetzung für erfolgreiches Teamwork.

Die einzelnen Mitglieder hören den anderen zu und unterstützen deren Ideen. Kooperation führt zu hoher Moral und macht es möglich, dass der gemeinsame Erfahrungsschatz des Teams zugunsten des Projekts genutzt werden kann. Konflikte gehören dazu – das effektive Team bewältigt Konflikte, um seine Ziele zu erreichen. Konflikte bewahren das Team davor, faul und selbstzufrieden zu werden. Effektive Entscheidungsfindung bedeutet: schnelles Sammeln der Informationen, Diskussion und Entscheidungen.

Die Führung muss der Teamzusammensetzung gerecht werden. Kein Stil ist der einzig richtige. Die Führungsrolle verändert sich im Laufe der Teamentwicklung. Um die Leistung zu steigern, kontrollieren effektive Teams das Erreichte, wie sie Konflikte nutzen usw., Feedback wird unterstützt – wenn nötig, von außen.

Das Team bildet eine Einheit, und die Mitglieder sind die Bestandteile dieser Einheit ...

TEAMWORK 8

TEAMWORK IST EIN PROZESS

Wie auch andere Formen von Unternehmensaktivitäten, ist die Problemlösung durch Teamwork ein Prozess. Das Team liefert einen oder mehrere Inputs und erwartet einen oder mehrere Outputs.
Aus diesem Grund müssen alle Energien und Bemühungen auf den Teaminput gerichtet werden. Das bedeutet, die Selbstorientierung der einzelnen Teammitglieder genauestens zu kontrollieren.

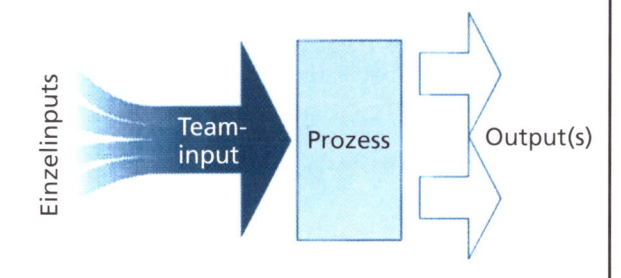

Einzelinputs → Team-input → Prozess → Output(s)

Leistungsbereitschaft   Teamzusammenhalt

Effektivität

Selbstorientierung

Um einen effektiven Output zu liefern, muss das Team folgende Bedingungen erfüllen:

⟨ hohe Leistungsbereitschaft (+)
⟨ hoher Teamzusammenhalt (+)
⟨ geringe Selbstorientierung (-)

Während also die Faktoren hohe Leistungsbereitschaft und hoher Teamzusammenhalt die Effektivität des Teams steigern, wird sie durch einzelne in der Gruppe, die ein übertriebenes Bedürfnis nach Durchsetzung ihrer persönlichen Interessen auf Kosten des Teams haben, gesenkt.

FAKTOREN, DIE DIE LEISTUNG DES TEAMS BEEINFLUSSEN

+
Leistungsbereitschaft

Ideen, Lösungen, Ziele, Fakten, Meinungen

+
Teamzusammenhalt

Unterstützung, Vorgabe von Standards, Evaluation

Effektivität

Selbstorientierung

Blockieren, Aggression, Dominanz, Cliquenbildung, spezielle Ansprüche, Zeitverschwendung, nicht zuhören

Die Aufgabe des Teamleiters besteht darin, hohe Leistungsbereitschaft und den Teamzusammenhalt zu fördern und gleichzeitig die Tendenz einzelner zur Selbstorientierung abzuschwächen.

8 TEAMWORK

EIGENSCHAFTEN DER TEAMMITGLIEDER

Was glaubst du eigentlich, wer du bist, mit deinen großen Ideen?

Wer eigentlich?
Wer bin ich?
Was bin ich?

Da die Menschen sich so sehr unterscheiden, ist es für den Teamleiter – genau genommen für alle Teammitglieder – von Nutzen, sich die Präferenzen zu vergegenwärtigen, die ihre Gedanken, Gefühle und Handlungen bestimmen.

Eine verlässliche Methode, ein persönliches Profil zu erstellen, ist die Anwendung des „Myers-Briggs Type Indicators" (MBTI).

Er beruht auf den individuellen Präferenzen in folgenden vier Bereichen: Energieabgabe und -aufnahme, Informationsbeschaffung, Entscheidungsfindung und Umgang mit der Außenwelt.

Die vier MBTI-Präferenzskalen repräsentieren je zwei gegensätzliche Präferenzen in jedem der vier Bereiche:

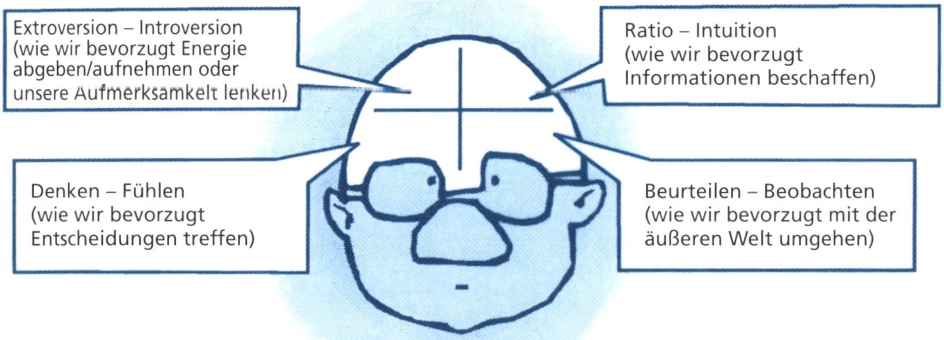

Extroversion – Introversion
(wie wir bevorzugt Energie abgeben/aufnehmen oder unsere Aufmerksamkeit lenken)

Ratio – Intuition
(wie wir bevorzugt Informationen beschaffen)

Denken – Fühlen
(wie wir bevorzugt Entscheidungen treffen)

Beurteilen – Beobachten
(wie wir bevorzugt mit der äußeren Welt umgehen)

Normalerweise haben Menschen eine **Präferenz** in jedem dieser Bereiche. Beispielsweise treffen Menschen mit einer Präferenz für das **Denken** ihre Entscheidungen aufgrund unvoreingenommener, logischer Analysen.

Präferenzen sind wie Links- oder Rechtshänder zu sein; beides ist weder falsch noch richtig, aber wir fühlen uns natürlich, sicher und effizient, wenn wir die bevorzugte Hand benutzen. Der MBTI ist deshalb kein Fähigkeitstest, aber er kann einen Hinweis darauf geben, wie Menschen Probleme angehen.

Aber welche ist meine wahre Präferenz?

Manchmal muss ich den Extrovertierten geben...

Aber dann ...

... hinterher will ich mich nur noch verkriechen und meine Batterien wieder aufladen ...

... denn seine wahre Präferenz ist Introversion, er bezieht seine Energie aus der inneren Welt der Gedanken und Ideen.

TEAMWORK 8

Identifikation der individuellen Eigenschaften

Es gibt acht mögliche Präferenzen, d. h. zwei Gegensätze für jeden der vier Bereiche

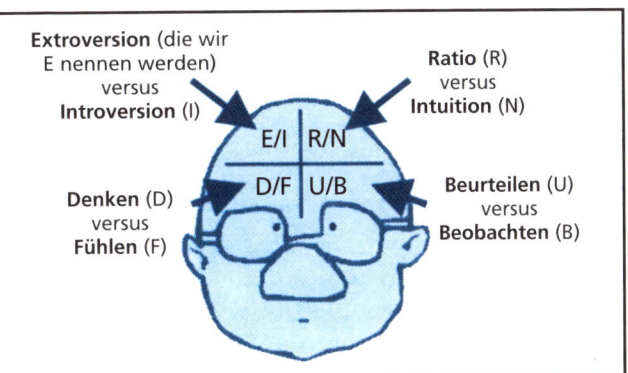

- **Extroversion** (die wir E nennen werden) versus **Introversion** (I)
- **Ratio** (R) versus **Intuition** (N)
- **Denken** (D) versus **Fühlen** (F)
- **Beurteilen** (U) versus **Beobachten** (B)

Hallöchen, willkommen im Team, ich bin ENFB.

Freut mich, dich kennenzulernen, Kollege, ich bin IRDU.

Der individuelle Typ ist die Kombination und Interaktion seiner vier Präferenzen. Er kann durch das Ausfüllen und Auswerten eines einfachen harmlosen Fragebogens ermittelt werden.
Das Ergebnis wird ein Code aus vier Buchstaben sein.
Der Code bildet die Reihe von Entscheidungen ab, die in Bezug auf die beiden Möglichkeiten in jedem der vier Bereiche getroffen wurden.

Beispielhaft nun einige Kombinationen der Eigenschaften:

Ein **EVDU** bevorzugt Extroversion (E), d. h., er bezieht seine Energie aus der Außenwelt und den Dingen. Er beschafft sich Informationen bevorzugt mit Hilfe seiner Ratio (R), trifft Entscheidungen bevorzugt durch Denken (D) und ist der Welt gegenüber beurteilend (U) eingestellt (d. h., er trifft lieber Entscheidungen, als Informationen zu sammeln).

Ein **INFB** bevorzugt Introversion. Er konzentriert sich auf die innere Welt der Gedanken und Ideen. Er nimmt die Welt bevorzugt intuitiv wahr, trifft Entscheidungen in Übereinstimmung mit seinen Gefühlen und Werten und nimmt gegenüber der äußeren Welt bevorzugt eine beobachtende Haltung ein (d. h., er sammelt lieber Informationen, als Entscheidungen zu treffen).

Eine **IRFU** bevorzugt Introversion und schätzt ruhiges Arbeiten ohne Störungen. Da sie praktisch veranlagt ist, konzentriert sie sich bevorzugt auf die Realität einer Situation. Sie genießt den harmonischen Umgang mit anderen Menschen und ist gerne organisiert.

Eine **ERFB** zieht die Kommunikation der Introspektion vor. Sie kann gut mit großen Informationsmengen umgehen, besonders wenn sie mit Menschen zu tun haben; anderen gegenüber ist sie hilfsbereit und taktvoll. Für neue Erfahrungen ist sie stets aufgeschlossen.

8 TEAMWORK

TEAMWORK 8

DER MBTI ZUR UNTERSTÜTZUNG DES TEAMWORKS

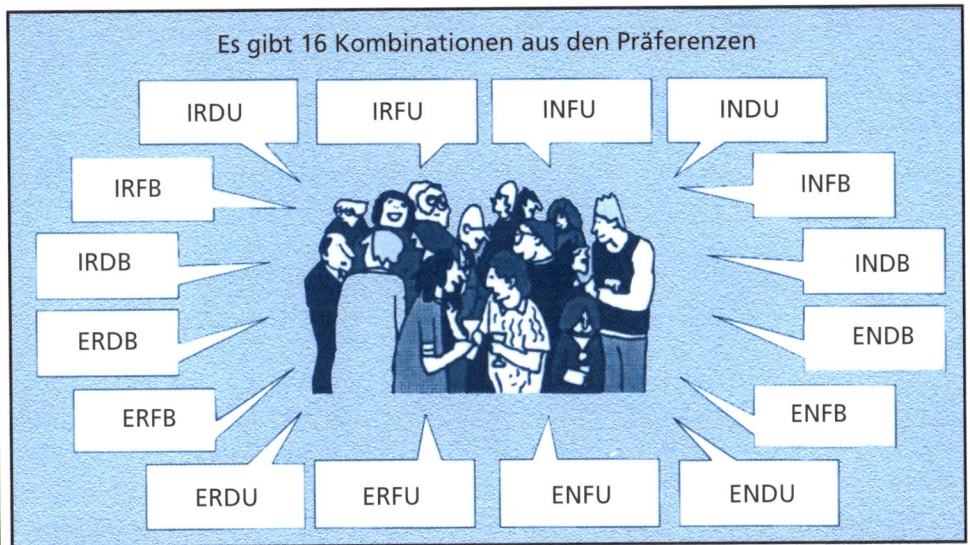

Es gibt 16 Kombinationen aus den Präferenzen

IRDU · IRFU · INFU · INDU
IRFB · INFB
IRDB · INDB
ERDB · ENDB
ERFB · ENFB
ERDU · ERFU · ENFU · ENDU

Der Teamleiter wird zu der Überzeugung gelangen, dass der bewusste Einsatz der Präferenzen der Mitarbeiter zur Zusammenstellung äußerst erfolgreicher Teams beitragen kann.

Er oder sie muss wissen, dass:

Extrovertierte Aktion und die Außenwelt bevorzugen.
Introvertierte Ideen und die innere Welt bevorzugen.
Rational-denkende Typen an Fakten und Analysen interessiert sind und ihre Ergebnisse anwenden wollen.
Rational-fühlende Typen, obwohl sie an Fakten interessiert sind, ihre Analysen auf sich und andere beziehen.
Intuitiv-denkende Präferenzen resultieren in einem Interesse an Möglichkeiten. Sie verfügen über theoretische, technische Fähigkeiten oder können führen.
Intuitiv-fühlende Kombinationen, obwohl an Möglichkeiten interessiert, beschäftigen sich bevorzugt mit neuen Projekten, ungelösten Problemen.
Beurteilende Typen sind entscheidungsfreudig und mögen Planung und Kontrolle.
Beobachter sind flexibel, spontan, lernen schnell und passen sich rasch an.

Wenn die einzelnen Teammitglieder bereit sind, ihre MBTI-Präferenzen mit den anderen zu teilen, wird dies das gegenseitige Verständnis und die Teamleistung erhöhen.

Zu Beginn dieser Aufgabe ist die Unterstützung eines erfahrenen MBTI-Experten unerlässlich.

PROBLEMLÖSUNGEN MIT HILFE DER TYPENPRÄFERENZEN

Die Lösung von Problemen sollte einem logischen Pfad (siehe rechts) folgen: Beschaffung der **Fakten**, Überprüfung der **Möglichkeiten**, Einschätzung der **Konsequenzen** jeder sich ergebenden Handlung, und schließlich die Beurteilung der möglichen Auswirkungen auf die Betroffenen. Dargestellt sind die Stufen, auf denen bestimmte Präferenzen voraussichtlich eine wichtige Rolle spielen werden. Ein klug zusammengesetztes Team kann die Präferenzen der einzelnen Mitglieder geschickt einsetzen, um auf jeder der vier Stufen die besten Ergebnisse zu erzielen.

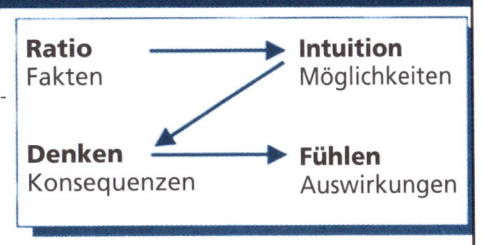

Ratio → **Intuition**
Fakten   Möglichkeiten

Denken → **Fühlen**
Konsequenzen Auswirkungen

107

8 TEAMWORK

Der Umgang mit persönlichen Neigungen bei der Anwendung des Problemlösungsmodells

Die Anwendung dieses Problemlösungsmodells kann sich in der Praxis für den einzelnen jedoch recht schwierig gestalten. Da seine Neigungen festgelegt sind, wird jeder Stufe nicht die gleiche Aufmerksamkeit gewidmet werden. Ein rational-denkender Typ wird also sein Hauptaugenmerk auf die erste und dritte Stufe lenken und die beiden anderen vernachlässigen, oder, graphisch dargestellt:

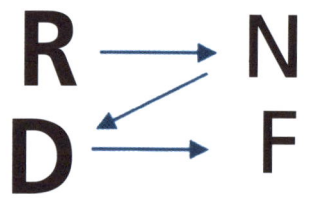

```
R ──► N
  ╲╱
  ╱╲
D ◄── F
```

Damit die Teammitglieder MBTI anwenden und erfolgreich zusammenarbeiten können, sollten sie:

1 sich die Existenz der Präferenzen bewusst machen;

2 die Gültigkeit der Prinzipien des Modells akzeptieren;

3 diese Prinzipien übernehmen, um

4 ihr Verhalten entsprechend anzupassen. Dies führt dann zu

5 Handlung durch das Team.

DIE UMSETZUNG VON TEAMWORK ZUR QUALITÄTSVERBESSERUNG

MBTI trägt zur Problemlösung bei, wenn der Zickzack-Pfad von solchen Teams auf bestimmte Aufgaben übertragen wird, die die Stärken ihrer einzelnen Mitglieder nutzen können. Durch Hinzufügen einiger Lösungsschritte ergibt sich dann ein Prozess:

(D)efine   (Definition des Problems)
(R)eview   (Überprüfen der Informationen)
(I)nvestigate (Untersuchen des Problems)
(V)erify   (Lösungskontrolle)
(E)xecute   (Ausführen der Veränderungen)

Dem ursprünglichen Pfad werden die Schritte folgendermaßen zugeordnet:

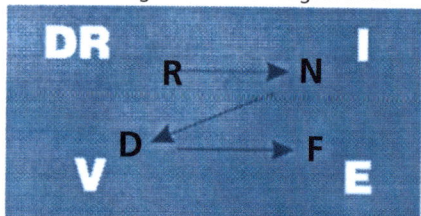

```
DR      R ──► N      I
           ╲╱
           ╱╲
        D ◄── F
V                    E
```

Im letzten Kapitel werden wir einen Blick auf die verschiedenen Elemente von Qualitätsmanagement werfen, die von einem bestimmten Unternehmen eingesetzt wurden, um seine Probleme mit Lieferverzug zu lösen.

Ich bin ziemlich sicher, dass die Ware bereits unterwegs ist, Herr Kemper.

Dafür wird jemand seinen HUT nehmen müssen!

Wir kümmern uns darum!

Ich will hier keine Fehler unterstellen. Gehen wir einfach davon aus, dass eine böse Macht herniedergefahren ist und die Turmstraße, die Kemper GmbH und alle Mitarbeiter gestohlen hat.

ZUSAMMENFASSUNG 8

ERFOLGSENTSCHEIDEND: TEAM-POWER

Teamwork ist für den Erfolg einer jeden Organisation unerlässlich, allerdings nicht immer einfach zu verwirklichen.

Prozessverbesserungen oder die Lösung komplexer Probleme sollten mit Hilfe von Teamwork realisiert werden. So können sich Mitarbeiter und Organisationen weiterentwickeln.

Teamwork zur Qualitätsverbesserung bedarf der Strategie, einer Struktur und wohlüberlegter Umsetzung.

HERDENTRIEB UND GRUPPENDYNAMIK – SO TICKEN TEAMS

Maslows Bedürfnishierarchie (Sicherheit in phsyiologischer, Anerkennung und Selbstverwirklichung in sozialer Hinsicht) veranschaulicht die natürliche Neigung, Gruppen zu bilden.

Die Entwicklung eines Teams durchläuft normalerweise folgende Phasen: *Misstrauen, Aggression, Verständnis, Zusammenwirken* (Tuckman).

8 ZUSAMMENFASSUNG

TEAMS RICHTIG FÜHREN

Aus Gruppen können Teams werden, wenn sie die Anforderungen, die durch die Aufgabe, den einzelnen und das Team an sie gestellt werden, verstehen – Adairs Modell der aktionszentrierten Führung.

Führungsverhalten kann mit Hilfe eines Kontinuums beschrieben werden: *anordnen – erläutern – zu Rate ziehen – delegieren* (Tannenbaum & Schmidt); oder situationsbezogen: *anordnen – begleiten – unterstützen – delegieren* (Blanchard).

WER IST TEAMFÄHIG?

Um einen effektiven Output zu erzeugen, müssen innerhalb des Teams **hohe** Leistungsbereitschaft, Teamzusammenhalt und **geringe** Selbstorientierung gewährleistet sein.

Der Myers-Briggs Type Indicator kann den einzelnen Mitgliedern des Teams dabei helfen, Verständnis und Wertschätzung für den anderen zu entwickeln.

Aus den vier Präferenzskalen: E – I, R – N, D – F, U – B ergeben sich 16 mögliche Persönlichkeitstypen.

DRIVE – SO ERREICHEN TEAMS IHR ZIEL

Die R – N- und D – F-Skalen des MBTI-Modells lassen sich zu einem Problemlösungsmechanismus DRIVE (define, review, investigate, verify und execute) zusammenfügen, der die Teams beim Erreichen ihrer Ziele unterstützt.

UMSETZUNG IN DER PRAXIS   9

Kunden/Lieferanten

Prozesse, Systeme, Instrumentarium und Teamwork im Einsatz

Kulturwandel, Kommunikationsverbesserung, Verantwortungsbereitschaft

Ja, tut mir Leid, das bedauern wir alle sehr.

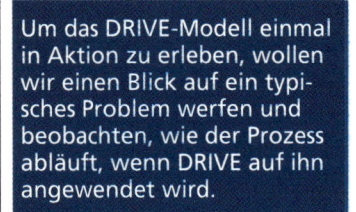

9 Umsetzung in der Praxis

Umsetzung in der Praxis 9

Herr Kötter ruft seine Manager zusammen

Wir haben einen Großkunden verloren, da einige Fehler gemacht wurden, von denen jeder einzelne zum Auftragsverlust hätte führen können.

Ja, tut uns Leid, Chef, das bedauern wir alle sehr.

Ich akzeptiere meinen Teil der Schuld, aber wir müssen unsere gesamte Einstellung gegenüber unseren Kunden überdenken, und deshalb...

... habe ich den international anerkannten Experten gebeten, uns zu beraten.

Danke, Herr Kötter. Guten Tag allerseits!

Er ist bereits auf dem richtigen Weg, die Kultur zu verändern und Verantwortungsbereitschaft zu erzeugen.

Als erstes möchte ich von Ihnen, dass Sie ein Team bilden. Dazu werden wir uns des Myers-Briggs Type Indicators bedienen, um Ihre persönlichen Präferenzen zu bestimmen.

Dann werde ich Sie darum bitten, sämtliche Prozesse im Unternehmen zu untersuchen, indem Sie die Instrumente zur Lösung von Problemen einsetzen, die ich Ihnen vorstellen werde...

Eine Woche später...

OK, durch den MBTI haben wir jetzt eine Vorstellung von den Persönlichkeiten im Team, und wenn wir uns auf den Teamleiter geeinigt haben, können wir uns den Problemen zuwenden.

Christian, der Verkaufsmanager, war ein ENDU und bot sich daher als Teamleiter an. Durch seine sozialen Fähigkeiten fühlt sich jedes Mitglied wichtig und er wird ihnen bei der Entscheidungsfindung helfen.

Beate, eine Mitarbeiterin in der Auftragsannahme, IRFB, ist eine hilfsbereite, beobachtende und taktvolle Introvertierte, die Menschen problemlos davon überzeugen kann, die Veränderungen umzusetzen.

Rolf, ein Marketingassistent, ERFB, ist extrovertiert und belastbar. Sein Gespür für Nuancen ermöglicht es ihm, auch von den stursten Mitarbeitern wichtige Informationen zu erhalten.

Dietmar, der Lagerleiter, INDU, ist ruhig und organisiert. Bei der Umsetzung von Teamentscheidungen arbeitet er exakt und kenntnisreich.

9 Umsetzung in der Praxis

Das Team nahm den gesamten Geschäftsablauf unter die Lupe.

Wird gemacht, Herr Pötter. Sie gehen heute noch raus.

P. HÖTTER

Wie kann er sich ohne System dessen so sicher sein? Weiß er, wer sein Lieferant innerhalb des Unternehmens ist?

Wie sieht's mit CD-ROMs aus, Beate? Ich brauche 5000.

Beate ist die falsche Ansprechperson. Er sollte wissen, wer sein Lieferant ist – das entsprechende Verfahren hätten sie schon vor langem klären müssen.

Hardware? Ich glaube, die sind auf die andere Straßenseite umgezogen.

Die Kommunikation innerhalb der Firma muss erheblich verbessert werden.

Nein, wir sind für die sperrigen Artikel zuständig. Sie müssen zu Rolf, aber der liegt mit Grippe im Bett.

Die Firma braucht ein System, das nicht von Einzelnen abhängt, wie wertvoll sie auch sind.

Wie geht's dir, Rolf? Du siehst mies aus.

Nicht besonders, aber es geht schon.

Das Warten auf Rolf hat den Auftrag verzögert. Wir müssen stabile Prozesse entwickeln und die Daten aufzeichnen, so dass Rolfs Grippe nicht solche Folgen hat.

Wir dürfen nicht vergessen, dass es viele Prozesse gibt, auf die DRIVE (define, review, investigate, verify und execute) anzuwenden ist und die verbessert werden müssen.

Umsetzung in der Praxis 9

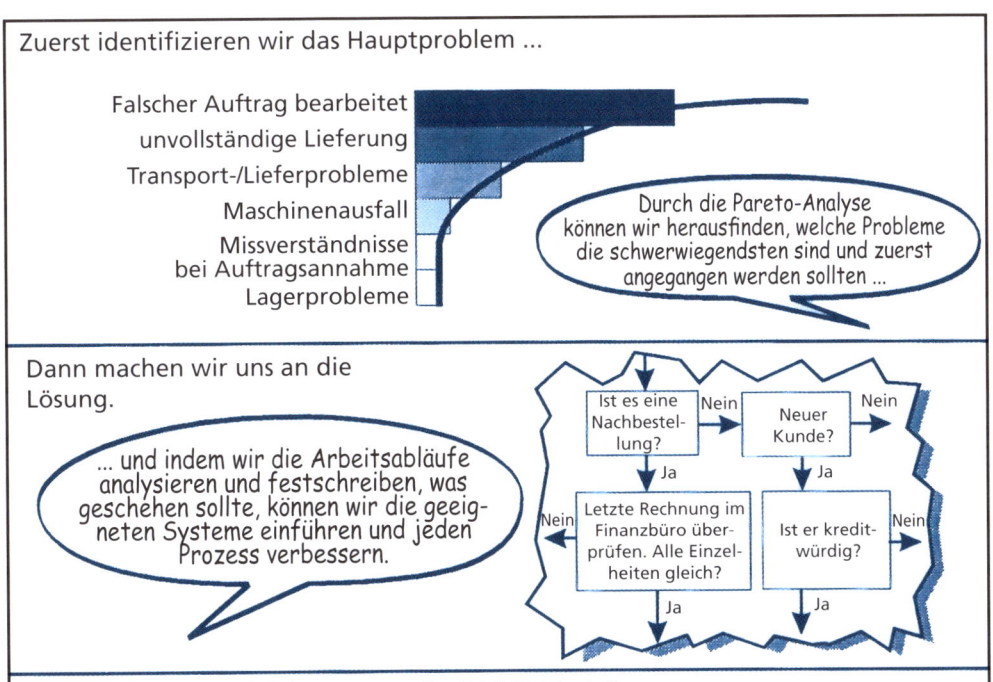

Zuerst identifizieren wir das Hauptproblem ...

- Falscher Auftrag bearbeitet
- unvollständige Lieferung
- Transport-/Lieferprobleme
- Maschinenausfall
- Missverständnisse bei Auftragsannahme
- Lagerprobleme

Durch die Pareto-Analyse können wir herausfinden, welche Probleme die schwerwiegendsten sind und zuerst angegangen werden sollten ...

Dann machen wir uns an die Lösung.

... und indem wir die Arbeitsabläufe analysieren und festschreiben, was geschehen sollte, können wir die geeigneten Systeme einführen und jeden Prozess verbessern.

Ist es eine Nachbestellung? → Nein → Neuer Kunde? → Nein
↓ Ja ↓ Ja
Letzte Rechnung im Finanzbüro überprüfen. Alle Einzelheiten gleich? ← Nein | Ist er kreditwürdig? → Nein
↓ Ja ↓ Ja

Die Basis der Teamaktivitäten war das DRIVE-Modell

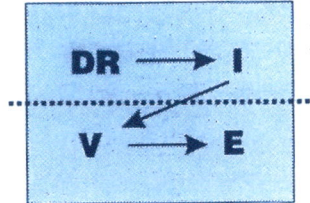

DR → I
V → E

D - Definition des Problems; R - Überprüfen der Informationen; I - Untersuchen des Problems. Die erste Hälfte des DRIVE-Modells wurde vom Team angewandt, um die für die Veränderungen benötigten Informationen zu beschaffen. Dabei wurden die rationalen und intuitiven Präferenzen des Teams eingesetzt.

V - Lösungskontrolle; E - Ausführung der Veränderungen. Die zweite Hälfte des Modells beanspruchte die rationalen und emotionalen Fähigkeiten der Teammitglieder, um die Veränderungen unter geringstmöglichen Reibungsverlusten durchzuführen.

Das Ergebnis ...

Schrittweise entwickelten wir einen Betriebsablauf, der praktisch fehlerfrei war. Wir konnten den Kunden zufriedenstellen, indem wir ihm eine bessere Leistung boten, als er erwartet hatte.

Das DRIVE-Modell liefert die problemlösenden Einzelschritte von der Identifikation der Problembereiche bis zur Umsetzung der Lösungsstrategie.

Auf der nächsten Seite sehen Sie, wie das DRIVE-Modell auf diesen Fall übertragen wurde.

FANTASTISCH! Wie konnten Sie nur wissen, dass ich gerade noch mehr CD-ROMs bestellen wollte? Sie sind besser als meine Lagerbestandkontrolle!

Unser Verkaufsbüro hat anhand Ihres bisherigen Bestellrhythmus herausgefunden, dass Sie wahrscheinlich Nachschub brauchen, also haben wir für alle Fälle mal welche vorbeigebracht, Herr Pötter.

9 Umsetzung in der Praxis

Der Umsetzungsprozess in Aktion

Bei der Lösung der Lieferprobleme wendete das Team das DRIVE-Modell folgendermaßen an:

Problemdefinition:
Ist dies ein Problembereich? Welches ist das wirkliche Problem? Trifft es auf alle Kunden zu? Können wir dieses Problem erfolgreich angehen? Wie können wir unsere Aufgaben definieren und ordnen?

Informationsüberprüfung:
Aus Aufzeichnungen geht hervor, dass die Zeit zwischen Auftragseingang und Auslieferung überdurchschnittlich lang ist. Ein verbesserter Zeitplan wird vom Team aufgestellt.

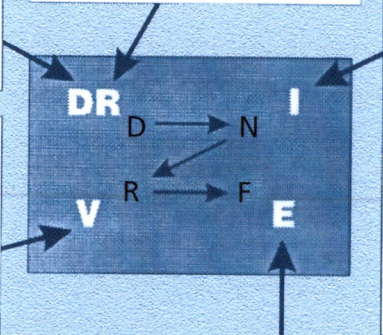

Problemuntersuchung:
Das Team erstellt Ablaufdiagramme der verschiedenen Stufen vom Auftragseingang bis zur Auslieferung. Grauzonen wie Aufträge für neue Produkte werden identifiziert (nicht genügend Informationen). Abläufe werden modifiziert, um technische Informationen des Verkaufspersonals für neue Produkte zu berücksichtigen. Empfehlungen werden gegeben, um Personalausfall durch sich überschneidende Verantwortlichkeiten zu überbrücken. Der Umgang mit den Waren im Versand wird kontrolliert. Eine Checkliste wird erstellt.

Lösungskontrolle:
Der modifizierte Prozess wird umgesetzt. Mit Hilfe der Checkliste werden Informationen gesammelt. Die Durchlaufgeschwindigkeit wird kontrolliert. Die Warnsysteme für Verspätungen und Fehler werden überwacht.

Ausführung:
Die Informationen werden den Verantwortlichen aus Verkauf, Technik und Versand auf einem gemeinsamen Treffen präsentiert. Veränderte Verfahren werden vereinbart, dokumentiert und die Unterlagen darüber verteilt. Ein dokumentiertes Verfahren zur Einhaltung der Lieferfristen, einschließlich eines Warnsystems „ohne Schuldzuweisungen" für eventuelle Komplikationen, wird eingeführt. Das neue System wird überwacht.

Diese Methode führt die prozessorientierte TQM-Philosophie und die Teamplanung zusammen, bei der jedes Mitglied die Aktivitäten identifizieren kann, die seinen individuellen Fähigkeiten entsprechen. Sie stellt einen unverzichtbaren Bestandteil des gesamten Qualitätsmanagements dar. Sie verbindet Teams, Systeme und Instrumente. Durch den Einsatz dieser effektiven, stabilen, qualitätsorientierten und unternehmensweiten Methode können kontinuierliche Verbesserungen garantiert werden.

Das TQM-Modell in Aktion

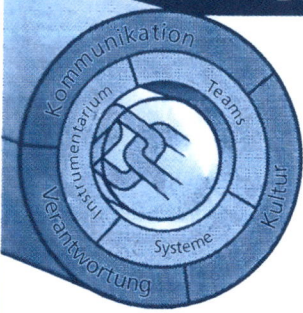

Zuerst wurden die Probleme des Unternehmens durch eine Überprüfung der PROZESSE identifiziert. Ein TEAM analysierte dann die Situation unter Einsatz der problemlösenden INSTRUMENTE. Sobald ein neuer Prozess entwickelt worden war, wurde das SYSTEM redokumentiert und die zuständigen Mitarbeiter entsprechend geschult.

Die KULTUR des Unternehmens wurde von einer der Schuldzuweisung zu einer der Problemaufspürung und Entwicklung positiver Schutzmechanismen. Bereitschaft für die Übernahme von Verantwortung für die Verbesserung von Prozessen wurde erzeugt, und durch effektive KOMMUNIKATION wurde den Mitarbeitern die Existenz von Problemen – und ihre Lösungen – bewusst.

So lässt sich das Qualitätsmanagement auf alle Organisationen anwenden.

STICHWORTVERZEICHNIS   10

Checklisten
Ratio **P**areto-Analyse
Ablaufdiagramme
Teamaktivitäten

10 Stichwortverzeichnis

Ablaufdiagramme 81, 88f., 116
Aggression 101, 103
Akzeptanz 95
Anerkennung 63, 67, 109f.
Arbeitsabläufe 7f.
Arbeitsteilung 74

Bedürfnisse 11, 19, 95
Beziehungsoptimierung,
  Kunde/Lieferant 57
Brainstorming 83, 88f.

Checklisten 75
Cliquenbildung 103
CUSUM-Diagramm 84

Datenerfassung 75, 85
Dokumentationskette 28
Dominanz 103
DRIVE-Modell 109f., 115f.

Effektivität 103
Effizienz 85
Einstellung, innere 42, 44
Einzelleistungen 93
Einzeltraining 98
Empowerment 43, 54
Entscheidungsfindung 75, 104
Entwicklungsteams 35
Erfahrungen 48
Erfolgserwartung 44
Erfolgsfaktoren 43, 45, 47f., 53
European Quality Award 76
Evaluation 55, 103
Extroversion 104, 105

Fähigkeiten 54
Feedback 18, 20f., 64, 102
Fehlerdiagramm 84
Fehlerquelle 82

Fehlersuche 26, 29, 31f.
Feindliche Übernahme 40
„Fischgräten"-Diagramm 88f.
Forschung 28
Führung 43, 53
Führung, aktionszentrierte 36
Führungskraft 99, 102
Führungsstil 76, 101

Genauigkeit 80

Histogramme 81, 86, 88f.

Image 11, 20f., 44
Individualansprüche 98
Informationen 29, 83, 105, 108, 115
Informationsbeschaffung 80f., 104
Interaktion 7, 31f., 105
Introversion 104, 105
Intuition 104, 105, 107
ISO 9000 75, 76

Kenntnisse 27, 29, 43
Kommunikation 35, 37, 61, 63f., 67, 98
Kommunikationsmanagement 54
Kommunikationsstrategie 63, 68
Kommunikator 64
Kompetenz 43
Konkurrenz 63
Konkurrenzfähigkeit 10
Kontrolldiagramme 84, 88f.
Kontrolle 43, 55, 94
Kontrollmechanismen 30
Kooperation 102
Korrektur 55

Stichwortverzeichnis

Kräfteanalyse 83, 88f.
Kreativität 102
Kultur 37
Kundenbedürfnisse 20f.
Kundenwünsche 57
Kundenzufriedenheit 66, 76

Leistung 48
Leistungsbereitschaft 103, 109f.
Leistungsbewertung 116
Leistungsmanagement 37
Leistungsstandards 36, 52, 99
Lieferanten 7f., 16ff., 34, 36, 52, 76
Lieferfähigkeit 20f.
Lieferkette 34
Lösungskontrolle 108, 115f.

Management, mittleres 43, 61ff.
Managementstruktur 43
Marketing 11, 28, 82
Marktanteil 20f.
Marktführer 61
Marktposition 53
Maslows Bedürfnishierarchie 95, 109f.
Meinungsumfragen 67
Misstrauen 101
Mitarbeiterzufriedenheit 76
Motivation 19ff., 98
Mutmaßungen 57
Myers-Briggs Type Indicator 104, 109f., 113

Null-Fehler-Management 57

Oakland-TQM Modell 7f.
Offenheit 102

Pareto-Analyse 81ff., 87f., 115
Plankorrektur 98
Planung 36, 43, 55
Präferenzen 104, 105ff., 113, 115
Präzision 80
Preis 10, 61
Problemdefinition 116
Problemlösungen 103, 107f.
Produkte 27
Produktionskette 28
Prozessketten 28
Prozessmanagement 7f., 76, 109f.

Qualitätskette 16f., 19ff., 26
Qualitätskontrolldiagramm 29
Qualitätskontrolle 24ff., 30ff.
Qualitätsteams 35, 53, 61f., 68, 83
Qualitätstraining 66
Qualitätsverbesserung, System zur 57
Qualitätszirkel 57

Ratio 104, 105, 107
Rentabilität 80, 88f.
Ressourcen 99
Ressourcenmanagement 76
Rivalitäten 57

Schlüsselindikatoren 48
Schulungen 66f.
Selbstachtung 48
Selbstbeurteilung 54, 76, 103
Selbstverwirklichung 95, 109f.
Selbstwertgefühl 95
Selbstzufriedenheit 67
Service 11, 61
Standards 75, 76, 98, 103

119

10 Stichwortverzeichnis

Strategie 42, 53, 109
Streudiagramme 82, 88f.
Strichlisten 81, 89
Systemspezifikationen 75

Teamaktivitäten 101, 115
Teamansprüche 98
Teamentwicklung 61
Teamgefühl 98
Teamleistung 107
Teamleiter 99, 106f., 113
Teammitglieder 94, 100f., 104, 115
Teamplanung 116
Teamressourcen 102
Teamwork 7f., 36f., 52, 76, 92f., 98, 102f., 109f.
Topmanagement 61, 62, 63
TQM-Modell 55
TQM-Koordinator 62f., 68

Umsetzungsprozess 116
Unternehmensleitung 43
Unternehmensorganisation, leistungsfähige 57
Unternehmensziele 61, 99
Ursache-Wirkung-Analyse 88f.
Ursache-Wirkung-Diagramm 83

Verantwortung 43, 52ff., 75, 102
Verantwortungsbereitschaft 37, 40, 93
Verbesserungen 7f., 36, 42f., 116
Verbesserungsschleife 73
Verfahrensabläufe 66
Verhaltenskodex 66
Verlaufsdiagramm 84
Verständnis 101

Vertrauen 100, 102
Vision 41f., 44, 99

Weiterbildung 57, 61, 63, 66f.
Weiterentwicklung, individuelle 99
Werbemittel 64
Wertungstabelle 83, 88f.
Wettbewerb 10, 66
Wettbewerbsfähigkeit 20f.
Widerstand 42

Zeitverschwendung 103
Zielbeschreibung 42f., 53
Ziele 102f.
Zufälle 57
Zuverlässigkeit 10, 12
Zwei-Wege-Verfahren 18
Zwischenziele 53